21 OPPITUNTIA
MITÄ OLEN OPPINUT PUDOTTUANI BITCOININ KANINKOLOON

Gigi

Suomentanut Thomas Brand

KONSENSUS NETWORK

© 2018 Original work: **Gigi**
21 lessons: What I've Learned from Falling Down the Bitcoin Rabbit Hole
@dergigi / dergigi.com

© 2021 Suomennoksen osalta: **Thomas Brand**
21 oppituntia: Mitä olen oppinut pudottuani bitcoinin kaninkoloon
@thlbr / https://thomasbrand.xyz

Oikoluku, toimittaminen: Laura Oinonen

Oikoluku: Jussi Mäkipelto

Anna meille palautetta suomennoksesta: `info@konsensus.network`

Kustantaja: **Konsensus Network – The Bitcoin Publishing House**

Paino ja nidonta: Amazon KDP

ISBN 978-9949-7429-3-6 (Pehmeäkantinen), Versio 1.1.0

Taitto ja kannet: Niko Laamanen

KONSENSUS NETWORK  `https://konsensus.network`

*Omistettu vaimolleni, lapselleni sekä kaikille tämän maailman
lapsille.
Palvelkoon bitcoin sinua hyvin ja tarjotkoon sinulle taistelun
arvoisen vision tulevaisuudesta.*

"Sallikaa minun kysyä, mitä tietä minun tulee kulkea?" "Se riippuu suureksi osaksi siitä, minne sinä tahdot mennä", sanoi kissa. "Ei sillä ole niin väliä minne –" "Sittenhän on samantekevää mitä tietä kuljet", sanoi kissa.

– Lewis Carroll

Sisällys

Tästä kirjasta

(... ja sen kirjoittajasta)

Tämä on hieman epätavallinen kirja. Mutta hei, onhan Bitcoinkin hieman epätavallinen teknologia, joten epätavallinen kirja Bitcoinista lienee ihan sopiva. En ole varma siitä, olenko epätavallinen tyyppi (haluaisin ajatella olevani tavallinen tyyppi), mutta tarina siitä, miten tämä kirja syntyi ja miten minä ryhdyin kirjailijaksi, on kertomisen arvoinen.

En ensinnäkään ole kirjailija. Olen insinööri. En opiskellut kirjoittamista vaan koodikieliä ja koodausta. Toisekseen, aikomukseni ei koskaan ollut kirjoittaa kirjaa, ainakaan Bitcoinista. Enhän edes puhu englantia äidinkielenäni, hitto vie.[1] Minä olen vain tyyppi, jota Bitcoin-kärpänen puri – ja kovaa.

Kuka *minä* olen kirjoittamaan kirjan Bitcoinista? Hyvä kysymys. Lyhyt vastaus on helppo: olen Gigi ja olen bitcoinaaja. Pitkä vastaus on hieman vivahteikkaampi.

Taustani on tietojenkäsittelytieteessä ja ohjelmistokehityksessä. Edellisessä elämässäni työskentelin osana tutkimusryhmää, joka pyrki luomaan muun muassa ajattelevia ja järkeileviä tietokoneita. Tätä edeltäneessä elämässäni kirjoitin ohjelmistoja automaattiseen passintarkastukseen sekä siihen liittyviin juttuihin, mikä on jopa pelottavampaa. Tiedän jonkin verran tietokoneista ja verkottuneesta maailmastamme, joten minulla arvatenkin on

---

[1] Kirjoitin tämän kirjan silti englanniksi, sillä aivoni toimivat mystisesti. Aina kun rupean pohtimaan jotain teknistä, aivoni vaihtavat englanninkieliseen tilaan.

hieman etumatkaa Bitcoinin teknisen puolen ymmärtämisessä. Tässä kirjassa pyrin kuitenkin esittämään, että tekninen puoli on vain pieni osanen Bitcoinina tuntemaamme otusta. Ja joka ikinen osanen on tärkeä.

Tämä kirja syntyi vastauksena yhteen yksinkertaiseen kysymykseen: *Mitä Bitcoin on opettanut sinulle?* Yritin antaa vastaukseni yhdessä tviitissä. Yksi tviitti venyi tviittien ketjuksi. Tviittiketju kasvoi artikkeliksi. Artikkeli paisui kolmeksi artikkeliksi. Kolmesta artikkelista tuli 21 oppituntia. Ja 21 oppituntia muuttui nyt käsissäsi olevaksi kirjaksi. Joten taidan olla todella huono tiivistämään ajatuksiani yhdeksi tviitiksi.

Saatat pohtia, miksi kirjoitin juuri tällaisen kirjan. Tähän on jälleen lyhyt ja pitkä vastaus. Lyhyesti sanottuna minun yksinkertaisesti oli pakko. Olin (ja olen edelleen) Bitcoinin *riivaama*. Minusta se on loputtoman kiehtova. En osaa lakata ajattelemasta sitä tai sen vaikutuksia globaaliin yhteiskuntaamme. Pidempi vastaus taas kuuluu niin, että uskon Bitcoinin olevan aikamme tärkein yksittäinen keksintö, ja yhä useampi ihminen on saatava ymmärtämään, millainen tämä keksintö luonteeltaan on. Bitcoin on edelleen yksi nykymaailmamme väärinymmärretyimmistä ilmiöistä, ja minullakin kesti vuosia ymmärtää tämän oudon teknologian syvempi merkitys ja arvo. Se, kun ymmärtää, mikä Bitcoin on ja miten se muuttaa yhteiskuntaamme, on voimakas kokemus. Toivon istuttavani siemeniä, joista myös sinun ymmärryksesi voi kasvaa.

Vaikka tämä osio on nimeltään *Tästä kirjasta (... ja sen kirjoittajasta)*, kokonaiskuvassa tällä kirjalla, minulla ja tekemisilläni ei ole merkitystä. Olen vain – kirjaimellisesti *ja* kuvaannollisesti – solmu verkossa. Eikä sinun muutenkaan pitäisi luottaa siihen, mitä minä sanon. Niin kuin meillä bitcoinaajilla on tapana sanoa: tutki itse. Ja mikä tärkeintä: älä luota – todenna.

Tein kotiläksyni parhaani mukaan ja tarjoan sinulle, rakas lukijani, riittävästi lähteitä, joihin sukeltaa. Tässä kirjassa olevien alaviitteiden ja lainauksien lisäksi pyrin pitämään ajan tasalla myös materiaalipankkia[2], josta löytyy lukuisia muita kuratoituja lähteitä, kirjoja ja podcasteja, jotka auttavat sinua ymmärtämään

---

[2]https://21lessons.com/rabbithole ja
https://bitcoin-resources.com.

Bitcoinin olemusta.[3]

Lyhyesti ja yksinkertaisesti sanottuna tämä on bitcoinaajan kirjoittama kirja Bitcoinista. Bitcoin ei tarvitse tätä kirjaa, etkä sinä luultavasti tarvitse tätä kirjaa ymmärtääksesi Bitcoinia. Uskon, että ymmärrät Bitcoinin heti, kun *sinä* olet siihen valmis, ja luotan myös siihen, että ensimmäiset Bitcoinin murto-osaset löytävät sinut heti, kun olet ne valmis vastaanottamaan. Bitcoin ilmaantuu kunkin elämään juuri oikeaan aikaan. Sitä odotellessa Bitcoin yksinkertaisesti on, ja se riittää.[4]

---

[3] Suom. huom. – Voit lukea lukuisia suomennettuja Bitcoinia käsitteleviä kirjoituksia osoitteesssa
https://medium.com/brandin-kirjasto.

[4] Beautyon, *Bitcoin on. Ja se riittää.* [6]

*"Voi sinä hassu Liisa", hän toruskeli itseään.
"Kuinka sinä voisit täällä lukea läksyjä? Kaikkea
vielä, täällä on tuskin tilaa itsellesi, miten sitten
kaikille koulukirjoillesi."*

– Lewis Carroll

ALKUSANAT

Jotkut kutsuvat sitä uskonnolliseksi kokemukseksi. Toiset kutsuvat sitä Bitcoiniksi.

Tapasin Gigin ensimmäisen kerran Latvian Riiassa, yhdessä henkisistä kodeistani ja The Baltic Honeybadger -konferenssin kotikaupungissa, johon vahvauskoisimmat bitcoinaajat tekevät vuosittaisen pyhiinvaellusmatkansa. Vain muutama tunti kädenpuristuksemme jälkeen syvällisten lounaskeskustelujemme aikana oli välillemme syntynyt side, joka oli yhtä lopullinen kuin vahvistettu Bitcoin-transaktio.

"Kaninkolokokemukseni" koin toisessa henkisistä kodeistani, Oxfordin Christ Churchissä, missä minulla oli etuoikeus suorittaa MBA-tutkintoni. Gigin tavoin ylitin taloudellis-teknisyhteiskunnallisen todellisuuden rajat ja täytyin Bitcoinin hengellä. Ostettuani bitcoinia vuoden 2013 huippuhinnoilla opin murskaavalta ja loputtomalta tuntuneen kolmivuotisen karhumarkkinan aikana monta monituista asiaa totisesti kantapään kautta. Nämä 21 oppituntia olisivat todella tulleet tuolloin tarpeeseen. Monet näistä oppitunneista ovat yksinkertaisesti luonnon totuuksia, mutta niitä peittää hauras kalvo, jonka läpi asiaan vihkiytymättömät eivät pysty näkemään. Kirjan loppuun päästyäsi tuo ohut peite on alkanut ritistä ja säröillä.

Eräänä kristallinkirkkaana elokuun lopun yönä vuonna 2016 istuin hiljaa mietiskellen Oxfordin Christ Churchin Master's Gardenissa. Vain muutamaa viikkoa aiemmin olin jälleen tuntenut piston sydämessäni kuultuani Bitfinexin[5] hakkeroinnista. Se oli vaikeaa aikaa. Olin psyykkisessä ja emotionaalisessa murtumispisteessä kuin minua olisi elinikäni kidutettu – en taloudellisen vaan musertavan henkisen menetyksen takia, sillä tunsin olevani maailmankuvani vuoksi eristyksissä. Olisipa tuolloin ollut tämänkaltaista oppimateriaalia, niin olisin ymmärtänyt, etten ollut yksin. Master's Gardenilla on erityinen merkitys minulle, ja vuosisatojen saatossa se on ehtinyt olla merkittävä paikka monille minua ennenkin. Juuri siellä Charles Dodgson, Christ Churchissä työskennellyt matematiikan opettaja, tarkkaili yhtä nuorista oppilaistaan, Alice Liddelliä, Christ Churchin dekaanin tytärtä. Dodgson, joka tunnetaan paremmin kirjailijanimellä Lewis Carroll[6], käytti Alicea (Liisaa) ja tuota puutarhaa inspiraationsa lähteenä, ja tuon pyhitetyn puutarhan lumossa tuijotin kryptokuilun syvyyteen, ja se tuijotti minua tulisesti takaisin tuhoten ylimielisyyteni ja läimäyttäen ylpeyttäni kasvoille. Olin vihdoin saavuttanut sisäisen rauhan.

21 oppituntia vie sinut todelliselle Bitcoin-matkalle. Kirja on paitsi filosofinen, teknologinen ja taloustieteellinen matka, myös sielun matka.

Sukeltaessasi syvemmälle Bitcoinin filosofiaan seitsemän ensimmäisen oppitunnin aikana saatat päätyä niin pitkälle, että ymmärrät riittävästi pohdiskeltuasi kaiken olevaisen alkuperän. Gigin seitsemän talouden oppituntia taas kuvaavat selkokielellä, miten taloutemme on pienen, hulluista hatuntekijöistä koostuvan ryhmän armoilla ja kuinka nämä ovat onnistuneet verhoamaan mielemme, sydämemme ja sielumme pimeyteen. Seitsemän oppituntia teknologiasta levittävät Bitcoinin kauneuden ja teknologisdarwinistisen täydellisyyden eteemme. Niillekin bitcoinaajille, jotka eivät ole teknisesti orientoituneita, nämä oppitunnit tarjoavat helposti ymmärrettävän katsauksen paitsi Bitcoinin alla piilevään teknologiaan myös itse teknologian luonteeseen.

Me elämme, rakastamme ja opimme läpi tämän ohikiitävän kokemuksen, jota elämäksikin kutsutaan. Vaan mitäpä elämä on,

---

[5]Tunnettu kryptovaluuttapörssi.

[6]Ellei toisin mainita, tämän kirjan oppituntien alussa olevat kuvat ja lainaukset ovat kaikki hänen teoksestaan *Liisan seikkailut ihmemaassa*. Suomennos löytyy osoitteesta: http://www.gutenberg.org/cache/epub/46569/pg46569.html.

ellei sarja tosiaan seuraavia, aikaleimattuja tapahtumia?

Bitcoin-vuoren valloittaminen ei ole helppoa. Vuoren huiput, jotka osoittautuvat vääriksi ovat yleisiä, kivet karkeita ja vaarallisia halkeamia ja railoja on kaikkialla. Tämän kirjan luettuasi huomaat, että Gigi on todellinen Bitcoin-šerpa. Arvostan häntä ikuisesti.

Hass McCook
29. marraskuuta 2019

Pieni Liisa astui
a
l
a
s
kOloon,
löi päänsä
ja kolhi sielunsa.

— Lewis Carroll

Esipuhe

Bitcoinin kaninkoloon putoaminen on omituinen kokemus. Minusta tuntuu monien muiden tavoin, että olen Bitcoiniin tutustuessani oppinut enemmän kuin kahden vuosikymmenen aikana muodollisessa kouluopetuksessa.

Seuraavat oppitunnit ovat tiivistelmä siitä, mitä olen oppinut. Ensimmäiset opit on julkaistu artikkelisarjana nimeltä *What I've Learned From Bitcoin*. Tätä kirjaa voidaan pitää alkuperäisen kirjoitussarjan kolmantena painoksena.

Kuten Bitcoin, myös nämä oppitunnit elävät. Aion tulevaisuudessa jatkotyöstää oppitunteja ja aika ajoin julkaista niistä päivitettyjä versioita sekä lisämateriaalia niihin.

Toisin kuin Bitcoin, tämän projektin tulevien versioiden ei tarvitse olla yhteensopivia edellisten versioiden kanssa. Saatan laajentaa joitakin oppitunteja, toiset saatan kirjoittaa uudelleen osittain tai kokonaan.

Bitcoin on uupumaton opettaja, minkä vuoksi en käy väittämään, että nämä oppitunnit olisivat kaikenkattavia tai täydellisiä. Ne ovat pohdintoja kaninkolomatkani varrelta, ja vielä riittää paljon opittavaa. Bitcoinin maailmaan astuminen on meistä jokaiselle omanlaisensa oppimiskokemus.

Toivon, että näistä oppitunneista on sinulle hyötyä ja että niiden sisäistäminen lukemalla ei ole yhtä työlästä ja tuskallista kuin niiden oppiminen omakohtaisesti on ollut.

Valkoinen kani pani silmälasit nenälleen.
"Mistä suvaitsette, teidän majesteettinne, minun
aloittavan?" "Aloita alusta", sanoi kuningas
juhlallisesti, "ja jatka loppuun asti, siinä lopeta."
— Lewis Carroll

Johdanto

"Mitä Bitcoin on opettanut sinulle?" kysyi Arjun Balaji[7] viattomasti vuoden 2018 lokakuussa. Yritin vastata kysymykseen lyhyellä tviitillä mutta epäonnistuin surkeasti, sillä huomasin, että olin oppinut aivan liikaa vastatakseni kysymykseen nopeasti, jos lainkaan.

Kaikki, mitä olen oppinut, liittyy tietysti Bitcoiniin – suoraan tai välillisesti. Vaikka muutamia seikkoja Bitcoinin toimintamekanismeista selitänkin, tulevat oppitunnit eivät ole selvitys Bitcoinin toiminnasta tai olemuksesta. Näiden tuntemuksesta ei kuitenkaan ole haittaa tarkasteltaessa Bitcoinia koskettavia filosofisia kysymyksiä, taloudellisia realiteetteja ja teknologisia innovaatioita.

21 oppituntia on jaettu kolmeen seitsemän oppitunnin nippuun. Kaikki osat tarkastelevat Bitcoinia eri näkökulmasta, ja kaikki näkökulmat opettavat meille jotakin erilaista tästä omituisesta verkosta.

Ensimmäisessä osassa tehdään tutkimusmatka Bitcoinin filosofisiin opetuksiin. Tutkimme muuttamattomuuden ja muutoksen vuorovaikutusta, todellisen niukkuuden käsitettä, Bitcoinin neitseellistä sikiämistä, identiteetin ongelmaa, kopioinnin ja sijainnin ristiriitaa, sananvapauden voimaa sekä tiedon rajoja.

---

[7]https://twitter.com/arjunblj/status/1050073234719293440

Toisessa osassa   tutkitaan Bitcoinin taloudellisia opetuksia. Oppitunnit käsittelevät taloudellista tietämättömyyttä, inflaatiota eli rahan arvon heikkenemistä, arvoa ylipäätään, rahaa ja rahan historiaa, pankkien vähimmäisvarantojärjestelmää sekä sitä, miten Bitcoin on ovelasti mutkan kautta tuonut kestävän rahan takaisin.

Kolmannessa osassa   tutustutaan muutamaan Bitcoinin teknologiaa tarkastellessani oppimaani asiaan: mitä voimaa numeroissa piilee, mitä luottamus oikeastaan on, miksi kellonajan ilmaiseminen on työlästä, miten hitaasti eteneminen ja asioiden rikkomatta jättäminen ovat ominaisuuksia eivätkä vikoja, mitä Bitcoinin luominen kertoo meille yksityisyydestä, miksi kryptopunkkarit[8] säätävät koodia (eivätkä lakeja) sekä millaisten vertauskuvien avulla Bitcoinin tulevaisuutta voidaan valottaa.

Jokaisen oppitunnin tekstiin sisältyy useita lainauksia ja linkkejä. Jos johonkin aiheeseen on syytä tutustua tarkemmin, löydät siihen liittyvää kirjallisuutta alaviitteistä tai lähdeluettelosta.

Jonkinlainen aikaisempi tietämys Bitcoinista on hyödyksi, mutta toivon, että kuka tahansa utelias lukija voi sisäistää nämä oppitunnit. Kukin oppitunti on oma kokonaisuutensa, ja voit lukea ne toisistaan riippumatta, vaikkakin osa niistä liittyy toisiinsa. Pyrin pysymään loitolla teknisestä jargonista, mutta tiettyjen aihealueiden erityissanastolta ei voida välttyä.

Toivon, että kirjoitukseni inspiroi muitakin kaivautumaan syvemmälle ja todella porautumaan kysymyksiin, joita Bitcoinin pinnan alta nousee. Oman inspiraationi sain lukuisilta muilta kirjoittajilta ja sisällöntuottajilta, ja olen heille siitä ikuisesti kiitollinen.

Viimeisimpänä muttei vähäisimpänä: tavoitteeni ei ole vakuuttaa sinua mistään kirjoituksillani. Tavoitteeni on saada sinut ajattelemaan sekä näyttää sinulle, että Bitcoin on paljon enemmän kuin miltä ensisilmäyksellä vaikuttaa. En minä voi kertoa sinulle, mitä Bitcoin on saati mitä se opettaa sinulle. Sinun on otettava siitä itse selvää.

---

[8] Engl. *cypherpunk*, yhdistelmä sanoista *cipher* ja *cyber*. Nimitys kryptografian ja yksityisyyttä parantavien teknologioiden kannattajille väylänä yhteiskunnallisiin ja poliittisiin muutoksiin.

"Tämän jälkeen ei ole paluuta entiseen. Jos otat sinisen pillerin, tarina päättyy, heräät sängystäsi ja voit uskoa, mihin haluat. Jos otat punaisen pillerin[9], jäät Ihmemaahan, ja minä näytän sinulle, kuinka syvälle kaninkolo jatkuu. Mutta muista: tarjoan sinulle vain totuuden. En mitään muuta."

– Morpheus, The Matrix

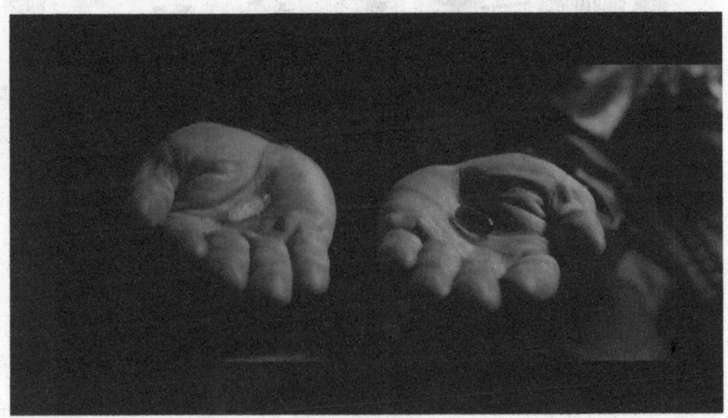

---

[9] *Oranssin* pillerin.

*"Mutta minua ei haluta mennä hullujen luo",
huomautti Liisa. "Oh, sille et sinä voi mitään", sa-
noi kissa. "Me olemme kaikki täällä hulluja. Minä
olen hullu. Sinä olet hullu." "Kuinka sinä tiedät, et-
tä minä olen hullu?" kysyi Liisa "Sinun täytyy olla",
sanoi kissa. "Muutenhan et olisi tullut tänne."*

– Lewis Carroll

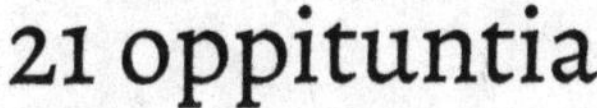

21 oppituntia

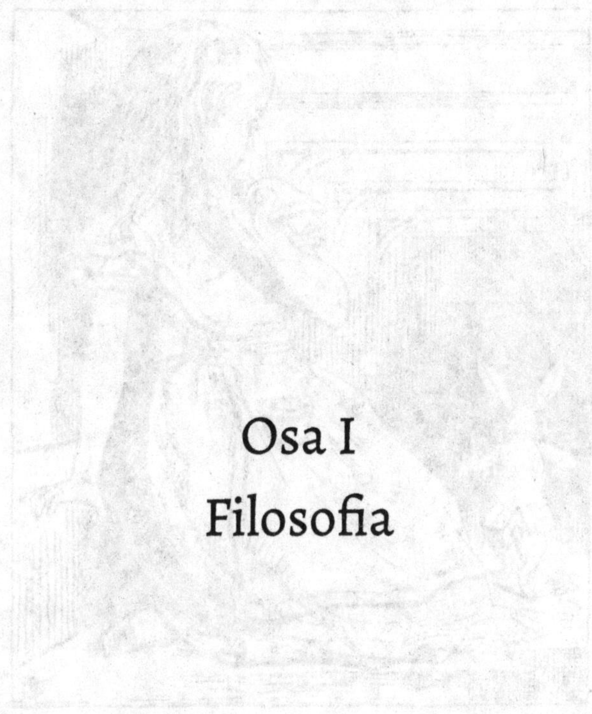

Osa I
Filosofia

"En suinkaan vain ole vaihtunut toiseksi yöllä!
Annapas olla kun mietin: olinko minä sama kuin
ennenkin noustessani ylös aamulla? Minusta mel-
kein tuntuu kuin en olisi ollut aivan sama. Mutta
ellen ole sama, kuka sitten oikeastaan olen? Siinäpä
vasta pulma!"

– Lewis Carroll

Filosofia

Kun Bitcoinia tarkastelee pintapuolisesti, saattaa päätyä johtopäätökseen, että se on hidas ja liiotellun vainoharhainen, siihen sisältyy turhaa päällekkäisyyttä ja se tuhlaa resursseja. Kun Bitcoinia tarkastelee uteliaasti, saattaa kuitenkin huomata, että asiat eivät ole aivan sitä, miltä ne ensisilmäyksellä vaikuttavat.

Bitcoinilla on tapana kääntää kaikki oletukset päälaelleen. Juuri kun alat jonkin ajan kuluttua tuntea olosi jälleen mukavaksi, Bitcoin puskee seinän läpi kuin härkä posliinikauppaan – ja kaikki oletuksi ovat pirstaleina, jälleen kerran.

Bitcoin on monen tieteenalan lapsi. Niin kuin elefanttia tutkivilla sokeilla munkeilla, jokaisella tätä uutta teknologiaa lähestyvällä on oma tulokulmansa. Niinpä kaikki myös päätyvät erilaisiin päätelmiin tuon otuksen luonteesta.

Seuraavat oppitunnit käsittelevät muutamia oletuksiani, jotka Bitcoin hajotti pirstaleiksi, sekä tekemiäni johtopäätöksiä. Muuttamattomuutta, niukkuutta, sijaintia ja identiteettiä koskevia filosofisia kysymyksiä pohditaan neljän ensimmäisen oppitunnin aikana. Jokainen osa sisältää kokonaisuudessaan seitsemän oppituntia.

Osa I – Filosofia

1. Muuttamattomuus ja muutos

2. Niukkuuden niukkuus

3. Kopiointi ja sijainti

4. Identiteetin ongelma

5. Neitseellinen sikiäminen

6. Sananvapauden voima

7. Tiedon rajat

Viidennellä oppitunnilla tulee tutuksi Bitcoinin syntytarina, joka on paitsi kiehtova, myös ehdottoman välttämätön järjestelmässä, jolla ei ole johtajaa. Tämän osan kaksi viimeistä oppituntia käsittelevät sananvapauden voimaa ja henkilökohtaisen tietämyksemme rajoja, jotka heijastelevat Bitcoinin kaninkolon yllättävää syvyyttä.

Toivon, että Bitcoinin maailma on sinulle yhtä opettavainen, kiehtova ja viihdyttävä kuin se minulle on ollut ja on edelleenkin. Rohkaisen sinua seuraamaan valkoista kania ja lähtemään sen perässä tutkimusmatkalle kaninkolon syvyyksiin. Pidä siis kiinni taskukellostasi, pujahda koloon ja nauti pudotuksesta.

1

✱✱✱

MUUTTAMATTOMUUS JA MUUTOS

Bitcoinia on luonnostaan vaikea kuvailla. Se on *jotain täysin uutta*, joten yksikään yritys verrata sitä aikaisempiin käsitteisiin – kutsuttiinpa sitä sitten digitaaliseksi kullaksi tai rahan internetiksi – ei ole aivan yltänyt kattamaan koko kokonaisuutta. Olipa suosikkivertauksesi mikä tahansa, Bitcoinin ominaisuuksista kaksi on ehdottoman välttämättömiä: desentralisaatio eli toimintojen hajautus sekä muuttamattomuus.[1]

Bitcoinia voi tarkastella automatisoituna yhteiskuntasopimuksena.[2] Ohjelmisto on vain yksi palapelin palanen, joten jos kuvittelet voivasi muuttaa Bitcoinia tekemällä muutoksia sen ohjelmistoon, on turha edes yrittää. Muutosten hyväksymistä varten sinun täytyisi voittaa koko loppuverkko puolellesi, mikä on enemmän psykologiaa kuin ohjelmistosuunnittelua.

Siitä huolimatta, että seuraava lausahdus – kuten moni muukin asia täällä Bitcoinin Ihmemaassa – voi aluksi kuulostaa järjettömältä, uskon vakaasti, että se pitää täysin paikkansa: Sinä et muuta Bitcoinia, vaan Bitcoin muuttaa sinut.

---

[1] Engl. *immutability*.
[2] Hasu, *Bitcoinin yhteiskuntasopimuksen avaaminen*. [28]

5

"Bitcoin muuttaa enemmän meitä kuin me sitä."

– Marty Bent[3]

Minulta kesti kauan ymmärtää, kuinka syvällinen tämä ajatus onkaan. Koska Bitcoin on vain ohjelmisto ja kaikilta osiltaan avointa lähdekoodia, voit vapaasti muokata sitä, eikö niin? Väärin. *Todella* väärin. Ei ole yllättävää, että Bitcoinin luoja tiesi tämän varsin hyvin.

"Bitcoin on luonteeltaan sellainen, että kun versio 0.1 siitä oli kerran julkaistu, verkon arkkitehtuuri oli keskeisiltä osiltaan hakattu kiveen sen loppuelämäksi."

– Satoshi Nakamoto[4]

Moni on yrittänyt muuttaa Bitcoinin perusolemusta. Toistaiseksi kaikki ovat epäonnistuneet. Näistä yrityksistä on syntynyt loputtomasti haaraumia ja vaihtoehtoisia kryptovaluuttoja, mutta yhäkin Bitcoin-verkko kulkee omaa polkuaan, joka on pysynyt samana siitä lähtien, kun ensimmäinen solmu liittyi verkkoon. Pitkällä aikavälillä ei vaihtoehtoisilla kryptovaluutoilla ole merkitystä. Haaraumat tulevat lopulta kuihtumaan pois. Vain Bitcoinilla on merkitystä. Niin kauan kuin perustavanlaatuinen ymmärryksemme matematiikasta ja/tai fysiikasta ei muutu, Bitcoin-mesimäyrä se ei vaan välitä.

"Bitcoin on ensimmäinen esimerkki uudesta elämänmuodosta. Se elää ja hengittää Internetissä. Se elää, koska sillä on kyky maksaa ihmisille hengissä pitämisestään. – – Sitä ei voi muuttaa. Sen kanssa ei voi väitellä. Sitä ei voi peukaloida. Sitä ei voi lahjoa. Sitä ei voi pysäyttää. – – Vaikka ydinsota tuhoaisi puolet planeetastamme, se jatkaisi elämäänsä, vahingoittumattomana."

– Ralph Merkle[5]

---

[3] *Tales From the Crypt* -podcast. [8]
[4] Postaus BitcoinTalk-foorumille: 'Re: Transactions and Scripts...'. [52]
[5] Ralph Merkle, *DAOs, Democracy and Governance*. [40]

Bitcoin jatkaa elämäänsä vielä sittenkin, kun viimeinen ihmissydän on lakannut sykkimästä.

Kun ymmärsin yllä olevan, se muutti minua merkittävästi enemmän kuin yhtäkään Bitcoin-lohkoketjun olemassa olevista lohkoista voi koskaan muuttaa. Se muutti aikapreferenssini, ymmärrykseni taloustieteestä, poliittiset näkemykseni sekä paljon, paljon muuta. Se saa hemmetti ihmiset muuttamaan jopa ruokavaliotaan.[6] Jos kaikki tämä kuulostaa sinusta hullulta, olet kaltaistesi joukossa. Kaikki tämä on hullua, ja silti niin parhaillaan tapahtuu.

Bitcoin opetti minulle, että se ei muutu. Minä muutun.

---

[6]Jordan Pearson, *Inside the World of the Bitcoin Carnivores*. [55]

Liisa joi merkitsemättömästä pullosta ja kas-
voi jättiläismäiseksi. Tuskin hän oli tyhjentänyt
puolet pullon sisältöä, kun tunsi päänsä kolahta-
van kattoon ja olisi taittanut vielä niskansa ellei
olisi nopeasti kumartunut. Hän laski kiireesti pul-
lon paikoilleen arvellen: "Jo riittää – toivottavasti
en enää kasva..."

– Lewis Carroll

2

***

NIUKKUUDEN NIUKKUUS

Yleisesti ottaen teknologian kehitys näyttää saavan aikaan sen, että lähes kaikkea on saatavilla runsaammin. Yhä useammat ihmiset pääsevät nauttimaan tuotteista, joita aiemmin pidettiin ylellisyytenä. Ei aikaakaan, niin me kaikki elämme kuin kuninkaat. "Teknologia on mekanismi, joka vapauttaa resursseja. Sen avulla hyödykkeitä, joita kerran oli niukalti, voikin nyt olla yllin kyllin", Peter H. Diamandis ja Steven Kotler kirjoittavat teoksessaan *Abundance: The Future Is Better Than You Think* [20].

Bitcoin, edistyksellinen teknologia sekin, katkaisee tämän kehityssuunnan luomalla uuden hyödykkeen, jota onkin aidosti niukalti. Jotkut jopa väittävät sen olevan yksi maailmankaikkeuden niukimmista asioista. Sen tarjontaa ei voi paisuttaa, joten vaikka kuinka yrittäisit ja näkisit kuinka paljon vaivaa tahansa, et saa luotua bitcoineja lisää.

> "On olemassa vain kaksi aidosti niukkaa asiaa: aika ja bitcoin."

> – Saifedean Ammous[1]

___
[1] *Bitcoin-standardi*-kirjan esittely. [1]

Paradoksaalista kyllä, Bitcoinissa niukkuus syntyy erilaisten kopiointimekanismien avulla. Tapahtumat lähetetään, lohkot levitetään verkkoon, ja jaettu tilikirja on – no, arvasit oikein – jaettu. Kaikki nämä ovat vain hienoja ilmauksia kopioimiselle. Bitcoin hemmetti kopioi jopa itsensä niin monelle tietokoneelle kuin se vain suinkin kykenee kannustamalla yksittäisiä ihmisiä ajamaan täysiä solmuja ja louhimaan uusia lohkoja.

Kaikki nämä eri monistamisen tavat toimivat toistensa kanssa saumattomasti yhteistyössä niukkuutta tuottaen.

Runsauden aikakaudella Bitcoin opetti minulle, mitä todellinen niukkuus on.

*Sitten kuului äreä ääni – kanin ääni. – "Pekka!
Pekka! Missä sinä olet?"*

– Lewis Carroll

3

✴✴✴

KOPIOINTI JA SIJAINTI

Jos kvanttimekaniikkaa ei oteta lukuun, sijainti ei ole ongelmallinen asia fyysisessä maailmassa. Kysymykseen *"Missä X on?"* voidaan vastata mielekkäällä tavalla riippumatta siitä, onko X henkilö vai esine. Digitaalisessa maailmassa *missä*-kysymykset ovat jo hankalampia mutta eivät mahdottomia. Missä sähköpostisi todella ovat? Huono vastaus olisi "pilvessä", sillä se on vain jonkun toisen tietokone. Oli niin tai näin, jos haluaisit jäljittää kaikki tallennusvälineet, joilta sähköpostejasi löytyy, voisit teoriassa paikantaa ne.

Bitcoinin tapauksessa "missä" on *todella* hankala kysymys. Missä bitcoinisi siis tarkalleen ottaen ovat?

> "Avasin silmäni, katselin ympärilleni ja kysyin sen väistämättömän, perinteisen ja valitettavan lattean leikkauksenjälkeisen kysymyksen: 'Missä minä olen?'"
>
> – Daniel C. Dennett[1]

---

[1] Daniel C. Dennett, *Where Am I?*. [18]

Ongelma on kaksitahoinen: Ensinnäkin jaettu tilikirja jaetaan täytenä kopiona, mikä tarkoittaa, että tilikirja on kaikkialla. Toiseksi, bitcoineja ei ole olemassa. Ei fyysisesti, muttei myöskään *teknisesti*.

Bitcoin pitää kirjaa käyttämättömien tapahtumatuotosten joukosta[2] ilman, että sen koskaan täytyy viitata yhteenkään yhtä bitcoinia edustavaan kokonaisuuteen. Jokaisen kokonaisen bitcoinin olemassaolo on johdettu käyttämättömien tapahtumatuotosten joukosta kutsumalla jokaista sadan miljoonan perusyksikön merkintää bitcoiniksi.

> "Missä se on tällä hetkellä siirrettävänä? – – Ensinnäkään bitcoineja ei ole olemassa. Niitä ei vain ole. On kirjanpidollisia merkintöjä jaetussa tilikirjassa. – – Ne eivät sijaitse missään fyysisesti. Tilikirja periaatteessa sijaitsee fyysisesti ihan missä vain. Maantieteellä ei ole merkitystä tässä asiassa – se ei auta sinua määrittämään toimintapolitiikkaasi täällä."
>
> – Peter Van Valkenburgh[3]

Mitä siis todella omistat, kun sanot, että *sinulla on yksi bitcoin*, jos bitcoineja ei kerran ole olemassa? Muistatko ne kaikki omituiset sanat, jotka lompakkosi pakotti sinut kirjoittamaan ylös? Näyttää siltä, että omistat vain nämä taikasanat: se on sekä loitsu,[4] jolla voit lisätä merkintöjä julkiseen tilikirjaan, että avaimet, joilla voit "siirtää" tiettyjä bitcoineja. Käytännöllisesti katsottuna siis yksityiset avaimesi *ovat* bitcoinisi. Jos luulet, että keksin tämän omasta päästäni, niin lähetä toki yksityiset avaimesi minulle.

Bitcoin opetti minulle, että sijainti on mutkikas asia.

---

[2] Engl. *unspent transaction outputs*, UTXO.
[3] Peter Van Valkenburgh *What Bitcoin Did* -jaksossa 49. [71]
[4] Gigi, *Kryptografian keijupölyä: Kuinka digitaalinen informaatio....*[26]

4

★★★

IDENTITEETIN ONGELMA

Nic Carter on kirjoittanut erinomaisen esseen kunnianosoituksena Thomas Nagelin lepakkoja käsittelevälle kirjoitukselle: siinä missä Nagel eläytyy lepakon asemaan, Carter pohtii, millaista on olla bitcoin. Hän osoittaa loistavalla tavalla, miten avoimet ja julkiset lohkoketjut yleensä sekä Bitcoin erityisesti kärsivät samasta haasteesta kuin Theseuksen laiva[1]: mikä Bitcoineista on oikea?

> "Mietipä, miten harvat Bitcoinin osista ovat kestäviä. Koko sen koodikantaa on muokattu, muutettu ja laajennettu niin paljon, että se tuskin enää muistuttaa alkuperäistä versiota. – – Rekisteri siitä, kuka omistaa mitä, siis itse tilikirja, on verkon lähes ainoa pysyvä piirre. – – Jotta Bitcoinia voidaan todella pitää johtajattomana järjestelmänä, täytyy luopua siitä helposta ratkaisusta, jossa jokin yksi ja tietty taho kertoisi, mikä lohkoketjuista on aito ja oikea."

> – Nic Carter[2]

---

[1]Identiteetin metafysiikassa Theseuksen laiva on ajatuskoe, joka herättää pohtimaan sitä, onko esine, jonka kaikki yksittäiset osaset on vaihdettu, pohjimmiltaan enää sama esine. [95]

[2]Nic Carter, *Bitcoinin eksistentiaalinen kriisi.* [17]

Näyttää siltä, että teknologian kehitys pakottaa meidät otta-
maan nämä filosofiset kysymykset vakavasti. Ennemmin tai myö-
hemmin itseajavat autot kohtaavat reaalimaailman versioita vau-
nuongelmasta pakottaen ne tekemään eettisiä päätöksiä siitä, ke-
nen elämällä on merkitystä ja kenen ei.

Kryptovaluutat, etenkin ensimmäisen kiistanalaisen ehdotto-
man haarauman[3] jälkeen, pakottavat meidät ajattelemaan identi-
teetin metafysiikkaa ja tekemään siihen liittyviä sopimuksia. Mie-
lenkiintoista kyllä, tähän mennessä tärkeimmät esimerkit ovat
johtaneet eri vastauksiin: Bitcoin jakautui 1. elokuuta 2017 kah-
teen leiriin. Markkinat päättivät, että muuttamattomana pysynyt
ketju on alkuperäinen Bitcoin. Vuotta aiemmin, 25. lokakuuta
2016, Ethereum jakautui kahteen leiriin. Markkinat päättivät, että
muutettu ketju on alkuperäinen Ethereum.

Niin kauan kuin näitä arvonsiirtoverkkoja on olemassa ja kun-
han ne on oikein hajautettu, niin kauan riittää myös *Theseuksen
laivan* esittämiä kysymyksiä vastattavaksi.

**Bitcoin opetti minulle, että hajauttaminen on ristiriidassa iden-
titeetin kanssa.**

---

[3] Engl. *hard fork*.

5

★★★

NEITSEELLINEN SIKIÄMINEN

Kukapa ei rakastaisi hyvää syntykertomusta. Bitcoinin syntytarina on kiehtova, ja sen yksityiskohdat ovat tärkeämpiä kuin voisi ensi alkuun ajatella. Kuka on Satoshi Nakamoto? Oliko hän yksi henkilö vai ryhmä ihmisiä? Oliko hän ehkä sittenkin nainen? Vai kenties aikamatkaileva muukalainen tai edistyksellinen tekoäly? Eriskummalliset teoriat sikseen. Emme luultavasti saa koskaan varmuudella tietää, ja juuri se on tärkeää.

Satoshi päätti pysyä nimettömänä. Hän istutti Bitcoinin siemenen. Hän pysytteli mukana riittävän kauan varmistaakseen, ettei verkko kuole heti alkuunsa. Ja sitten hän katosi.

Se, mikä saattaa näyttää kummalliselta nimettömyystempaukselta, on itse asiassa ratkaisevan tärkeä tekijä aidosti hajautetussa järjestelmässä. Ei keskitettyä hallintaa. Ei keskitettyä valvontaa. Ei keksijää. Ei ketään, jota vastaan voitaisiin nostaa syytteitä, ei ketään, jota kiduttaa, kiristää tai painostaa. Teknologian puhdas, neitseellinen sikiäminen.

> "Katoaminen oli yksi Satoshin suurimmista teoista."
>
> – Jimmy Song[1]

---

[1] Jimmy Song, *Miksi Bitcoin on erilainen*. [64]

Bitcoinin syntymän jälkeen on luotu tuhansia muita kryptovaluuttoja. Yhdenkään näistä klooneista syntytarina ei kuitenkaan vedä vertoja Bitcoinille. Jos haluaa syrjäyttää Bitcoinin, täytyy lyödä sen syntytarina laudalta. Ideoiden taistelussa kertomukset sanelevat selviytymisen.

> "Kullasta muotoiltiin koruja ja sitä käytettiin vaihdannassa ensimmäisen kerran yli 7000 vuotta sitten. Kullan kiehtovasta kiillosta johtuen sitä pidettiin lahjana jumalilta."
>
> Austrian Mint[2]

Kuten kultaa ennen muinoin, voidaan Bitcoiniakin pitää lahjana jumalilta. Mutta toisin kuin kullan, Bitcoinin alkuperä on liian inhimillinen. Tällä kertaa tiedämme, keitä sen kehityksen ja ylläpidon jumalat ovat: he ovat ihmisiä ympäri maailmaa, nimettömiä tai ei.

Bitcoin opetti minulle, että kertomukset ovat tärkeitä.

---

[2]The Austrian Mint, *Gold: The Extraordinary Metal*. [42]

6

***

SANANVAPAUDEN VOIMA

Bitcoin on idea. Nykyisessä muodossaan se on puhtaan teksti-pohjaisen koneen ilmentymä. Kaikki Bitcoinin osat ovat tekstiä: Satoshin alkuperäinen artikkeli, whitepaper, on tekstiä. Ohjelmisto, jota verkon solmut ajavat, on tekstiä. Tilikirja ja kirjanpito on tekstiä. Verkon siirtotapahtumat ovat tekstiä. Julkiset ja yksityiset avaimet ovat tekstiä. Kaikki Bitcoinin osat ovat tekstiä, siispä Bitcoin on kirjallista ilmaisua.

> "Kongressi ei säädä mitään lakia uskontokunnan perustamisesta tai kieltääkseen uskonnon vapaata harjoittamista tai rajoittaakseen ilmaisunvapautta, lehdistönvapautta tai kansan oikeutta kokoontua rau-hanomaisesti ja vedota hallitukseen epäkohtien kor-jaamiseksi."
>
> – Yhdysvaltain perustuslain ensimmäinen lisäys

Kryptosotien[1] viimeistä taistelua ei ole vielä käyty, mutta idean kriminalisointi ei tule olemaan helppoa, puhumattakaan ideasta, joka perustuu tekstimuotoisten viestien vaihtoon. Aina kun valtio yrittää kieltää ilmaisua muodossa tai toisessa, se hairahtuu järjettömyyden tielle, joka väistämättä johtaa kaikenlaisiin kauheuksiin, kuten tiettyjen alkulukujen[2] tai muiden lukujen[3] kieltämiseen lailla.

Niin kauan kuin maailmasta löytyy jokin paikka, missä sananvapaus on turvattu, Bitcoin on pysäyttämätön.

> "Bitcoin-tapahtumat eivät hetkeksikään lakkaa olemasta *tekstiä*. *Kaikki* siitä on tekstiä, koko ajan. – – Bitcoin on *tekstiä*. Se on *kirjallista ilmaisua*. Sitä ei voida säännellä Yhdysvaltain kaltaisessa vapaassa yhteiskunnassa, jossa luovuttamattomat oikeudet on taattu ja jonka perustuslain ensimmäinen lisäys sulkee julkaisutoiminnan julkisyhteisöjen valvonnan ulkopuolelle."

> – Beautyon[4]

Bitcoin opetti minulle, että vapaassa yhteiskunnassa vapaata ilmaisua ja vapaita ohjelmistoja ei voi pysäyttää mikään.

---

[1] *Kryptosodat* on epävirallinen nimitys Yhdysvaltojen ja sen liittolaisten hallitusten yrityksille heikentää salausteknologiaa. [23], [74]

[2] Kiellettyjä alkulukuja ovat alkuluvut, jotka edustavat sellaista tietoa, jonka hallussapito tai levittäminen on tietyillä hallintoalueilla kielletty. Yksi ensimmäisistä kielletyistä alkuluvuista syntyi vuonna 2001. Tietyllä tavalla tulkittuna luku kuvailee tietokoneohjelman, jolla pystyy ohittamaan DVD-levyjen käyttörajoitukset. Tämänkaltaisen ohjelman levittäminen on Yhdysvalloissa kiellettyä Digital Millennium Copyright Act -lain nojalla. Kielletty alkuluku on yhdenlainen kielletty luku. [82]

[3] Kiellettyjä lukuja ovat luvut, jotka edustavat sellaista tietoa, jonka hallussapito, esittäminen, levittäminen tai muunlainen välittäminen on tietyillä hallintoalueilla laitonta. [81]

[4] Beautyon, *Miksi Yhdysvallat ei voi säännellä Bitcoinia?*. [5]

7

★★★

TIEDON RAJAT

Bitcoiniin tutustuminen vetää nöyräksi. Luulin olevani perillä asioista. Kuvittelin olevani sivistynyt. Ainakin tietojenkäsittelytieteestä uskoin olevani kartalla. Opiskelin sitä vuosia, joten täytyihän minun tietää kaikki digitaalisista allekirjoituksista, tiivisteistä ja hajautusarvoista, salauksesta, operatiivisesta turvallisuudesta ja erilaisista verkoista, eikö vain?

Väärin.

Bitcoinin toiminnan perusteiden oppiminen on haastavaa. Niiden kaikkien syvällinen ymmärtäminen on lähes mahdotonta.

> "Bitcoin-kaninkolon pohja ei ole tullut vastaan vielä kenellekään."
>
> – Jameson Lopp[1]

Luettavia kirjoja tulee lukulistalleni nopeammin kuin mitenkään ehdin niitä lukemaan. Kaikenlaisia artikkeleita ja muita kirjoituksia riittää luettavaksi käytännössä loputtomasti. Kaikista näistä aiheista on olemassa enemmän podcasteja kuin koskaan ehdin kuuntelemaan. Se vetää todella nöyräksi. Lisäksi Bitcoin kehittyy jatkuvasti, joten on lähes mahdotonta pysyä ajan tasalla

---

[1]Jameson Loppin tviitti 11.11.2018. [37]

kaikista kiihtyvällä nopeudella tehtävistä keksinnöistä. Ensimmäisen kerroksen pöly ei ole vielä kunnolla edes laskeutunut, kun toinen on jo ehditty rakentaa ja kolmas on kehitteillä.

Bitcoin opetti minulle, etten tiedä juuri mitään oikeastaan yhtään mistään. Se opetti minulle, että tämä kaninkolo on pohjaton.

"Alas, alas, alas! Eikö tästä putoamisesta koskaan tulekaan loppua?"

– Lewis Carroll

Osa II
Talous

"Aivan puutarhan suulla oli korkea ruusupuu. Siinä kasvoi valkoisia ruusuja, joita kolme puutarhuria parhaillaan oli maalaamassa punaisiksi. Liisasta tämä oli hyvin merkillistä..."
— Lewis Carroll

Talous

Raha ei kasva puussa. Olisi hupsua uskoa toisin, ja toistamalla tuota sanontaa kuin mantraa vanhempamme pitävät huolen siitä, että varmasti tiedämme sen. Meitä rohkaistaan käyttämään rahaa viisaasti, pidättäytymään kuluttamasta sitä kevytmielisesti ja säästämään sitä hyvinä aikoina pahan päivän varalle. Kun ei se raha kuitenkaan puussa kasva.

Bitcoin opetti minulle rahasta enemmän kuin koskaan luulin tarvitsevani tietää. Bitcoinin vuoksi minun oli pakko tutustua rahan, pankkitoiminnan, erilaisten taloustieteen koulukuntien historiaan sekä paljon, paljon muuhun. Pyrkimykseni ymmärtää Bitcoinia johdatteli minut lukuisille poluille, joista osaa yritän tässä osiossa valottaa.

Seitsemällä ensimmäisellä oppitunnilla käsiteltiin joitakin Bitcoiniin liittyviä filosofisia kysymyksiä. Seuraavan seitsemän oppitunnin aikana tarkastellaan lähemmin rahaa ja taloutta.

Osa II – Talous

8. Taloudellinen tietämättömyys

9. Inflaatio

10. Arvo

11. Raha

12. Rahan historia ja rappio

13. Vähimmäisvarantohulluus

14. Kestävä raha

Kykenen jälleen kerran vain raapaisemaan pintaa. Bitcoin on kunnianhimoinen idea, joka ulottuu laajalle ja syvälle, minkä vuoksi yhdessä oppitunnissa, esseessä, artikkelissa tai kirjassa on mahdotonta kattaa kaikkia olennaisia aiheita. Epäilen, josko se on lainkaan mahdollista.

Bitcoin on uusi rahan muoto, joten sitä ymmärtääkseen on ensiarvoisen tärkeää opiskella taloustiedettä. Koska taloustiede käsittelee inhimillisen toiminnan luonnetta ja taloudellisten tekijöiden vuorovaikutusta, se on luultavasti yksi Bitcoin-palapelin suurimmista ja hämärimmistä palasista.

Näillä oppitunneilla tutustutaan jälleen kerran erinäisiin Bitcoinin minulle opettamiin asioihin. Ne ovat henkilökohtaista pohdintaa kaninkolomatkani varrelta. Minulla ei ole taloustieteellistä taustaa, joten olen ehdottomasti mukavuusalueeni ulkopuolella ja erityisen tietoinen siitä, että ymmärrykseni on epätäydellistä. Aion parhaani mukaan vetää yhteen sen, mitä olen oppinut, silläkin uhalla, että nolaan itseni. Yritänhän kuitenkin edelleen vastata kysymykseen *"Mitä Bitcoin on opettanut minulle?"*[2]

Seitsemän oppitunnin ajan tarkastelimme Bitcoinia filosofisten lasien läpi; seuraavien seitsemän oppitunnin ajaksi nenälle asetetaan taloustieteelliset lasit. Pystyn tällä kertaa tarjoamaan paikan vain Economy-luokassa. Päätepysäkki: *kestävä raha*.

---

[2] https://twitter.com/arjunblj/status/1050073234719293440

8

★★★

TALOUDELLINEN TIETÄMÄTTÖMYYS

Minut todella yllätti se, miten paljon rahoitusteoriaa, taloustiedettä ja psykologiaa vaaditaan tietokoneverkon ymmärtämiseksi – siis jonkin sellaisen, joka ensi silmäyksellä vaikuttaa olevan puhtaasti *tekninen* järjestelmä. Erästä karvajalkaista ystäväämme mukaillen: "Vaarallista hommaa, astua Bitcoiniin. Luet Satoshin whitepaperin, ja jollet pidä varaasi, tie voi pyyhkäistä sinut ties minne."

Uutta rahajärjestelmää ymmärtääkseen on ensin perehdyttävä vanhaan. Ymmärsin pian, ettei koulujärjestelmä ole tarjonnut minulle käytännössä *lainkaan* talouden opetusta.

Kuin viisivuotias konsanaan ryhdyin kyselemään itseltäni: Miten pankkijärjestelmä toimii? Miten osakemarkkinat toimivat? Mitä on fiat-raha? Mitä on *tavallinen* raha? Miksi velkaa on niin paljon?[1] Kuinka paljon rahaa todella luodaan, ja kuka siitä päättää?

Jouduin lievään paniikkiin tajuttuani tietämättömyyteni laajuuden, mutta sain taas uutta varmuutta huomatessani olevani kaltaisteni joukossa.

---

[1] https://www.usdebtclock.org/

"Eikö olekin ironista, että Bitcoin on opettanut minulle enemmän rahasta kuin kaikki ne vuodet, jotka olen ollut töissä finanssialalla? ...mukaan lukien urani alun keskuspankissa."

– Aaron[2]

"Olen oppinut kryptomaailmassa viimeisen kolmen kuukauden aikana enemmän rahoituksesta, taloustieteestä, teknologiasta, kryptografiasta, ihmisen psykologiasta, valtio-opista, peliteoriasta, lainsäädännöstä ja itsestäni kuin kolmen ja puolen vuoden aikana korkeakoulussa."

– Dunny[3]

Tässä oli vain kaksi monista Twitterissä tehdyistä tunnustuksista.[4] Bitcoin, kuten ensimmäisellä oppitunnilla opimme, on elävä olio. Mises esitti, että myös taloustiede elää. Ja kuten me kaikki henkilökohtaisesta kokemuksesta tiedämme, eläviä olioita on luonnostaan vaikea ymmärtää.

"Tieteellinen järjestelmä on vain yksi tukikohta tiedon loputtomassa etsinnässä. Inhimillisille ponnisteluille ominainen riittämättömyys vaikuttaa siihen väistämättä. Näiden tosiasioiden tunnustaminen ei kuitenkaan tarkoita sitä, että nykyinen taloustiede olisi taantumuksellista. Se tarkoittaa vain sitä, että taloustiede elää – ja eläminen tarkoittaa sekä epätäydellisyyttä että muutosta."

– Ludwig von Mises[5]

---

[2] Aaronin (@aarontaycc, @fiatminimalist) tviitti 12.12.2018. [41]
[3] Dunnyn (@BitcoinDunny) tviitti 28.11.2017. [21]
[4] Lisää tunnustuksia Twitteristä: http://bit.ly/btc-learned.
[5] Ludwig von Mises, *Human Action*. [72]

Olemme kaikki lukeneet uutisia finanssikriiseistä ihmetellen, miten niihin liittyvät pelastuspaketit toimivat, sekä hämmästellen sitä, ettei kukaan koskaan näytä ottavan vastuuta vahingoista, jotka voidaan laskea biljoonissa. Olen edelleen ymmälläni mutta saanut jo vilauksen siitä, mitä finanssimaailmassa tapahtuu.

Jotkut menevät jopa niin pitkälle, että laittavat yleisen tietämättömyyden näistä aiheista systeemisen, tarkoituksellisen tietämättömyyden piikkiin. Historia, fysiikka, biologia, matematiikka ja kielet kuuluvat kaikki osana opintoihin, mutta yllättäen rahan ja rahoituksen maailmaan tutustutaan vain pinnallisesti – jos lainkaan. Pohdin, olisivatko ihmiset yhtä halukkaita velkaantumaan niin paljon kuin nykyisin, jos kaikille opetettaisiin henkilökohtaista taloudenpitoa sekä rahan ja velan perusteet. Sen jälkeen pohdin, kuinka monta kerrosta alumiinia tarvitaan tehokkaaseen foliohattuun. Luultavasti kolme.

> "Nuo romahdukset, nämä pelastuspaketit, eivät ne ole sattumaa. Ei myöskään ole sattumaa, että kouluissa ei ole talousopin tunteja. – – Se on täysin suunniteltua. Aivan kuten ennen [Yhdysvaltain] sisällissotaa orjille ei saanut antaa koulutusta, meidän ei sallita oppivan koulussa rahasta."
>
> – Robert Kiyosaki[6]

Aivan kuten lastenkirjassa *Ihmemaa Oz*, meitä kehotetaan olemaan kiinnittämättä huomiota ihmiseen verhon takana. Toisin kuin Ihmemaa Ozissa, meidän maailmassamme on kuitenkin nykyään todellista taikuutta[7]: sensuroimaton, avoin ja rajaton arvonsiirtoverkko. Ei ole verhoja – taikuus on kaikkien nähtävillä.[8]

Bitcoin opetti minua kurkistamaan verhon taakse ja kohtaamaan taloudellisen tietämättömyyteni.

---

[6] Robert Kiyosaki, *Why the Rich are Getting Richer*. [35]
[7] http://bit.ly/btc-wizardry
[8] https://github.com/bitcoin/bitcoin

"Rakas, täällä meidän on juostava niin nopeasti kuin pystymme vain pysyäksemme paikoillamme. Ja jos haluat mennä minne tahansa, sinun on juostava kaksi kertaa nopeammin."

– Lewis Carroll

9

***

INFLAATIO

Seikkailuni taloustieteen maailmassa alkoi siitä, kun yritin ymmärtää rahataloudellista inflaatiota sekä sitä, miten Bitcoinin kaltainen järjestelmä saattaisi muuttaa toimintatapojamme. Tiesin, että inflaatio oli se tahti, jolla uutta rahaa luodaan, mutta sen enempää en juuri tiennytkään.

Eräät taloustieteilijät väittävät inflaation olevan hyvä asia. Toiset taas väittävät, että "kova" raha, jollainen meillä oli kultakannan aikaan, on välttämätön terveen talouden kannalta, sillä sen määrää ei voi helposti lisätä. Bitcoin, jonka tarjonta on kiinteät 21 miljoonaa, kuuluu jälkimmäiseen leiriin.

Inflaation vaikutukset eivät yleensä heti ole ilmeisiä. Inflaation asteesta (sekä muista tekijöistä) riippuen syyn ja seurauksen välinen aika voi olla useita vuosia. Lisäksi inflaatio vaikuttaa eri ihmisryhmiin enemmän kuin toisiin. Kuten Henry Hazlitt huomauttaa kirjassaan *Talous yhdeltä istumalta*: "Taloustieteen harjoittaminen perustuu minkä tahansa yksittäisen teon tai toimintaperiaatteen välittömien seurausten näkemisen lisäksi myös sen pitkän aikavälin seurauksien näkemiseen. Siihen sisältyy kyseisen toimintaperiaatteen seurausten jäljittämistä yhden ryhmän lisäksi kaikille ryhmille."

Yksi henkilökohtaisista ahaa-elämyksistäni oli sen oivaltaminen, että uuden valuutan liikkeeseenlasku – painamalla rahaa lisää – on taloudellista toimintaa, joka eroaa *täysin* kaikesta muusta taloudellisesta toiminnasta. Siinä missä todelliset tavarat ja palvelut tuottavat todellista arvoa todellisille ihmisille, rahan luominen toimii käytännössä päinvastoin: se vie arvoa kaikilta niiltä, joilla on hallussaan sitä valuuttaa, jota inflatoidaan eli jonka tarjontaa paisutetaan.

> "Puhdas inflaatio – tarkoittaen pelkkää lisärahan liikkeelle laskemista sillä seurauksella, että palkat ja hinnat nousevat – saattaa näyttää lisäkysynnän luomiselta. Varsinaisen tuotannon ja tuotteiden vaihdannan näkökulmasta se ei sitä kuitenkaan ole."
>
> – Henry Hazlitt[1]

Inflaation tuhoisa voima käy ilmi heti, kun pieni inflaatio muuttuu *suureksi*. Jos päädytään hyperinflaatioon[2], tapahtumat saavat ruman käänteen todella nopeasti. Kun inflaation kourissa oleva valuutta tuhoutuu, se ei voi enää toimia arvon säilyttäjänä ja ihmiset kiirehtivät hankkimaan mitä tahansa hyödykkeitä, jotka voisivat säilyttää arvonsa.

Toinen seuraus hyperinflaatiosta on se, että kaikki ne rahat, jotka ihmiset elämänsä aikana ovat säästäneet, käytännössä katoavat. Paperiraha toki edelleen pysyy lompakossasi. Mutta se on vain tismalleen sitä: arvotonta paperia.

Weimarin tasavallan hyperinflaatio 1921-1923.

---

[1] Henry Hazlitt, *Talous yhdeltä istumalta.* [31]
[2] https://fi.wikipedia.org/wiki/Hyperinflaatio [79]

Rahan arvo laskee myös niin sanotun "maltillisen" inflaation myötä. Se vain tapahtuu niin hitaasti, etteivät useimmat ihmiset huomaa ostovoimansa heikkenevän. Kun painokoneet on kerran laitettu päälle, valuutan määrää voidaan helposti kasvattaa, ja se, mikä aiemmin maltillinen annos inflaatiota voi napin painalluksella muuttua verisuonet tukkivaksi annokseksi. Lievä inflaatio johtaa yleensä selvään inflaatioon, kuten taloustieteilijä Friedrich A. Hayek tuo esille eräässä esseistään.

> "Tasainen 'lievä' inflaatio ei voi auttaa – se voi vain johtaa selvään inflaatioon."
>
> – Friedrich Hayek[3]

Inflaatio on erityisen petollista siitä syystä, että se suosii niitä, jotka ovat painokoneita lähimpänä. Äskettäin luodun rahan kierto ja hintojen sopeutuminen vie aikaa, joten jos pystyt saamaan lisää rahaa käsiisi ennen kuin kaikkien muiden käsissä olevan rahan arvo laskee, olet inflaatiokäyrää edellä. Tämän vuoksi inflaatiota voidaan pitää piiloverona, sillä loppujen lopuksi valtiot hyötyvät siitä kaikkien muiden päätyessä maksumiehiksi.

> "Mielestäni ei ole liioiteltua sanoa, että historia on suurelta osin inflaatioiden historiaa, yleensä vieläpä sellaisten inflaatioiden, jotka valtiot ovat suunnitelleet omaksi hyödykseen."
>
> – Friedrich Hayek[4]

Tähän mennessä kaikki valtion hallitsemat valuutat on lopulta korvattu tai ne ovat romahtaneet kokonaan. Riippumatta siitä, kuinka hidasta inflaatio on, "tasainen" kasvu on vain toinen tapa sanoa "eksponentiaalinen" kasvu. Luonnossa, kuten taloustieteessä, kaikkien räjähdysmäisesti eli eksponentiaalisesti kasvavien järjestelmien on lopulta tasaannuttava tai kärsittävä katastrofaalinen romahdus.

---

[3] Friedrich Hayek, *1980s Unemployment and the Unions*. [29]
[4] Friedrich Hayek, *Good Money* [30]

"Ei voi tapahtua minun kotimaassani", saatat nyt ajatella. Paitsi jos olet kotoisin tällä hetkellä hyperinflaatiosta kärsivästä Venezuelasta. Inflaation ollessa siellä yli miljoona prosenttia raha on käytännössä arvotonta [73].

Niin ei välttämättä tapahdu seuraavien parin vuoden aikana tai se ei kohdistu juuri sinun maasi valuuttaan, mutta vilkaisu historiallisten valuuttojen[5] luetteloon osoittaa, että se väistämättä tapahtuu riittävän pitkän ajan kuluessa. Listassa on monta minulle tuttua valuuttaa, joita olen myös käyttänyt: Itävallan šillinki, Saksan markka, Italian liira, Ranskan frangi, Irlannin punta, Kroatian dinaari ja niin edelleen. Isoäitini käytti jopa Itävalta-Unkarin kruunua. Ajan myötä käytössä olevat valuutat[6] siirtyvät hitaasti mutta varmasti ajasta ikuisuuteen. Ne kokevat hyperinflaation tai ne korvataan. Ne ovat pian historiallisia valuuttoja. Me teemme niistä tarpeettomia.

> "Historia osoittaa, että valtiot poikkeuksetta antavat periksi kiusaukselle paisuttaa rahavarantoja."
>
> – Saifedean Ammous[7]

Miksi Bitcoin sitten on erilainen? Toisin kuin valtioiden laissa määräämillä valuutoilla, rahahyödykkeillä, joita valtiovalta ei sääntele mutta jotka noudattavat fysiikan lakeja,[8] on taipumus selviytyä ja jopa säilyttää arvonsa aikojen saatossa. Tähän mennessä paras esimerkki tästä on ollut kulta, jonka arvo on säilynyt satojen ja jopa tuhansien vuosien ajan, kuten voidaan nähdä kullan hinnan suhteesta kunnollisen puvun hintaan.[9] Tämä *kulta-kunnollinen puku-suhde* on lähtökohtaisesti hieman kyseenalainen käsite eikä sitä siis voi pitää mitenkään "vakaana" mittarina, mutta arvot ovat joka tapauksessa pysytelleet samassa suuruusluokassa.

Jos rahahyödyke tai valuutta säilyttää arvonsa hyvin halki ajan ja avaruuden, sen katsotaan olevan *kova* tai *luja*. Jos se ei kykene

---

[5] Katso Wikipedian *List of historical currencies*. [88]
[6] Katso Wikipedian *List of currencies*. [87]
[7] Saifedean Ammous, *Bitcoin-standardi*. [2]
[8] Gigi, *Bitcoinin energiankulutus - Näkökulman muutos*. [25]
[9] Historia osoittaa kultaunssin hinnan vastaavan kohtuulaatuista miesten puvun hintaa Sionna Investment Managers -sijoitusyhtiön mukaan. [38]

säilyttämään arvoaan siksi, että se heikkenee tai inflatoituu helposti, sitä pidetään *pehmeänä* tai *heikkona* valuuttana. Kovuus on olennainen käsite Bitcoinin ymmärtämisessä, ja sitä onkin syytä tutkia perusteellisemmin. Siihen palataan talouden viimeisellä oppitunnilla kestävää rahaa käsiteltäessä.

Entistä useamman maan kärsiessä hyperinflaatiosta entistä useammat ihmiset joutuvat kohtaamaan kovan ja pehmeän rahan todellisuuden. Jos meitä oikein onnistaa, joutuvat ehkä jotkut keskuspankkiiritkin arvioimaan rahapolitiikkansa uudelleen. Mitä ikinä tapahtuukaan, Bitcoinin ansiosta syventynyt ymmärrykseni on luultavasti korvaamatonta, olipa lopputulos mikä tahansa.

Bitcoin opetti minulle inflaation piiloveromaisesta luonteesta ja katastrofista nimeltä hyperinflaatio.

"Ota hattu päästäsi", sanoi kuningas hatunte-kijälle. "Ei se ole minun" – "Se on minulla kaupan", lisäsi hatuntekijä selitykseksi.

– Lewis Carroll

10

✳✳✳

ARVO

Arvo on jokseenkin paradoksaalinen käsite. Aikojen saatossa on esitetty lukuisia teorioita[1], jotka yrittävät selittää, miksi arvostamme tiettyjä asioita enemmän kuin toisia. Ihmiset ovat olleet tietoisia tästä paradoksista jo tuhansia vuosia. Platon kirjoitti dialogissaan Euthydemoksen kanssa, että annamme tietyille asioille arvoa sen perusteella, kuinka harvinaisia ne ovat, siis emme pelkästään sen perusteella, kuinka välttämättömiä ne ovat selviytymisemme kannalta.

> "Jos olette järkeviä, varoitatte oppilaitannekin ryhtymästä väittelyyn kenenkään muun kuin teidän tai toistensa kanssa. Katsos, Euthydemos, harvinainen on aina arvossaan, mutta halvinta on vesi, vaikka se on hyvää, niin kuin Pindaros sanoo."
>
> – Platon[2]

Tämä arvon paradoksi[3] tuo ilmi erään mielenkiintoisen seikan meistä ihmisistä: se, mitä pidämme arvossa, näyttää olevan sub-

---

[1] Katso Wikipedian *Theory of value (economics)*. [99]
[2] Platon, *Euthydemos*. [57]
[3] Katso Wikipedian *Paradox of value*. [91]

jektiivista[4] mutta pohjaa ei-mielivaltaisiin kriteereihin. Jokin voi olla meille *arvokasta* monestakin syystä, mutta arvostamillamme asioilla on tiettyjä samoja ominaisuuksia. Jos jotakin on helppo kopioida tai sitä on jo luonnostaan runsaasti, emme anna sille arvoa.

Näyttää siltä, että pidämme arvossa sellaisia asioita, joita on niukasti (kulta, timantit, aika), joita on vaikea tai työläs tuottaa, joita ei voi korvata (vanha valokuva rakkaastasi), jotka ovat hyödyllisiä antamalla meille mahdollisuuden tehdä asioita, joita emme muutoin voisi, tai jotka ovat yhdistelmiä näistä, kuten taiteen mestariteokset.

Bitcoin on kaikkea edellä mainittua: se on äärimmäisen harvinaista (21 miljoonaa), sitä on alati vaikeampi tuottaa (lohkopalkkion puoliintuminen), sitä ei voi korvata (kadonnut yksityinen avain on kadonnut pysyvästi) ja se antaa meille mahdollisuuden tehdä joitakin varsin hyödyllisiä asioita. Se on kiistatta paras rajat ylittävän arvonsiirron väline, sillä se pystyy käytännössä katsoen vastustamaan sensuuria ja takavarikoita, ja lisäksi se on täysin itsenäinen arvon säilyttäjä, joka antaa yksilöille mahdollisuuden säilyttää vaurauttaan pankeista ja valtioista riippumatta – vain kaksi asiaa mainitakseni.

Bitcoin opetti minulle arvon olevan subjektiivista muttei mielivaltaista.

---

[4]Katso Wikipedian *Subjective theory of value.* [97]

11

***

RAHA

Mitä raha on? Vaikka käytämme sitä joka päivä, kysymykseen on yllättävän vaikea vastata. Olemme enemmän tai vähemmän riippuvaisia rahasta, ja jos sitä on meillä liian vähän, elämästä tulee hyvin vaikeaa. Siltikään emme riittävän usein pysähdy ajattelemaan tuota, jonka ympärillä maailman sanotaan pyörivän. Bitcoin pakotti minut vastaamaan kerta toisensa jälkeen kysymykseen: Mitä ihmettä raha oikein on?

Tässä "modernissa" maailmassamme suurin osa meistä luultavasti ajattelee paperinpaloja puhuessaan rahasta, vaikkakin suurin osa rahastamme on vain numeroina pankkitileillä. Käytämme jo nyt nollia ja ykkösiä rahana – miten Bitcoin siis eroaa nykyisestä? Bitcoin on erilainen, koska se on perustavanlaatuisesti aivan *erityyppinen* kuin nykyään käytössä olevat rahat. Tämän ymmärtämiseksi on tutustuttava tarkemmin siihen, mitä raha on, mistä se tuli sekä miksi kaupankäynnin historiassa käytettiin suurimman osan aikaa kultaa ja hopeaa.

Simpukankuoret, kulta, hopea, paperi, bitcoinit. Loppujen lopuksi **rahaa on mikä tahansa, mitä ihmiset käyttävät rahana**, kaikissa käsin kosketeltavissa ja koskettelemattomissa muodoissaan.

Raha on nerokas keksintö. Maailma ilman rahaa on käsittämättömän monimutkainen: Kuinka monella kalalla voin ostaa parin uusia kenkiä? Kuinka monella lehmällä saan itselleni asunnon? Entä jos en tarvitse mitään juuri nyt, mutta minun on päästävä eroon mädäntyvistä omenoistani? Ei vaadi kovinkaan paljon mielikuvitusta ymmärtää, että vaihtotalous – talous, joka perustuu suoraan vaihdantaan – on raivostuttavan tehoton.

Rahassa merkittävintä on se, että sitä voi vaihtaa *mihin tahansa muuhun* – aikamoinen keksintö! Artikkelissaan *Shelling Out: The Origins of Money* [66] Nick Szabo[1] loistavasti tiivistää meidän ihmisten käyttäneen kaikenlaisia asioita rahana: norsunluusta, simpukankuorista tai erityisistä luista valmistettuja helmiä, kaikenlaisia koruja sekä myöhemmin harvinaisia metalleja, kuten kultaa ja hopeaa.

> ”Tässä mielessä [bitcoin] muistuttaa enemmänkin jalometallia. Sen sijaan, että tarjontaa muuteltaisiin pitämään arvo samana, sen tarjonta on määritelty ennalta ja sen arvo muuttuu.”
>
> – Satoshi Nakamoto[2]

Laiskoja olentoja kun olemme, emme liiemmin pysähdy pohtimaan sellaisia asioita, jotka näyttävät toimivan. Raha – useimpien mielestä – toimii mainiosti. Rahaa koskee sama kuin autoja ja tietokoneita: suurin osa meistä joutuu ajattelemaan niiden toimintamekanismeja vain, jos ne menevät rikki. Ihmiset, jotka ovat nähneet koko elämänsä säästöjen katoavan kuin tuhka tuuleen hyperinflaation takia, tuntevat kovan rahan arvon. Samaan tapaan ihmiset, jotka näkivät ystäviensä ja perheensä katoavan Natsi-Saksan tai Neuvostoliiton hirmutekojen vuoksi, tuntevat yksityisyyden arvon.

Rahassa erityistä on sen kaikenkattavuus. Raha on olennainen osa jokaista maksutapahtumaa, mikä antaa suunnattoman vallan ja voiman niille, jotka ovat vastuussa rahan luomisesta.

---

[1]http://unenumerated.blogspot.com/
[2]Satoshi Nakamoto vastauksessaan Sepp Hasslbergerille. [46]

"Kun otetaan huomioon se, että jokaisesta kaupallisesta tapahtumasta puolet on rahaa ja että kokonaisten sivilisaatioiden nousun ja tuhon määrittelee niiden rahan laatu, puhutaan mahtavasta voimasta, joka toimii pimeän turvin. Tuon voiman avulla loihditaan illuusioita, jotka vaikuttavat todellisilta – kunnes ne särkyvät. Juuri tähän kiteytyy Yhdysvaltain keskuspankin vallan ydin."

– Ron Paul[3]

Tehdessään lopun rahan luomisesta Bitcoin syrjäyttää tämän mahdin rauhanomaisesti, ilman voimakeinoja.

Raha on käynyt läpi lukuisia iteraatioita. Useimmat niistä olivat hyviä. Ne paransivat rahaamme tavalla tai toisella. Aivan vastikään raha kuitenkin alkoi turmeltua. Nykyään valtaapitävät luovat melkein kaiken rahamme yksinkertaisesti *tyhjästä*. Kyetäkseni ymmärtämään, miten tällaiseen tilanteeseen on päädytty, minun oli opittava rahan historiasta ja rappiosta.

Nähtäväksi jää, vaatiiko tämän turmeluksen korjaaminen joukon katastrofeja vai yksinkertaisesti valtavasti ponnisteluja koulutuksen saralla. Rukoilen kestävän rahan jumalilta, että vastaus olisi jälkimmäinen.

Bitcoin opetti minulle, mitä raha on.

---

[3] Ron Paul, *End the Fed*. [54]

*"Hän oli näet lukenut monta jännää kertomus-
ta lapsista, jotka olivat polttaneet itsensä, joutuneet
petojen saaliiksi tai muuhun pahaan pelkästään,
koska eivät olleet totelleet vanhempain ihmisten va-
roituksia, kun he esimerkiksi kielsivät tarttumasta
tulikuumaan hiilihankoon tai terävään veitseen.
Hän tiesi myös, että ennemmin tai myöhemmin käy
huonosti, jos juo pullosta, johon on merkitty pää-
kallonkuva".*

– Lewis Carroll

12

★★★

Rahan historia ja rappio

Monet ihmiset luulevat, että rahan takeena on kulta, joka on lukittuna suuriin holveihin, joita suojaavat paksut seinät. Tämä ei ole ollut totta enää moniin vuosikymmeniin. Itse olin niin hukassa, etten ole varma, mitä luulin – minulla kun ei nimittäin ollut käytännössä mitään käsitystä kullasta, paperirahasta tai siitä, miksi raha ylipäätään pitäisi taata jollakin.

Bitcoin-opiskeluun kuuluu osana oppia fiat-rahasta: mitä se tarkoittaa, mistä se tuli ja miksi se ei ehkä olekaan kaikkein paras idea. Mitä fiat-raha siis tarkalleen ottaen on? Ja miten lopulta päädyimme käyttämään sitä?

Kun fiatilla eli *mahtikäskyllä* määrätään jotain, se tarkoittaa yksinkertaisesti sitä, että se jokin määrätään muodollisella valtuutuksella tai kehotteella. Näin ollen fiat-raha on rahaa vain siksi, että *joku* sanoo sen olevan rahaa. Koska kaikki valtiot käyttävät nykypäivänä fiat-valuuttaa, on tämä joku myös *sinun* valtiosi. Valitettavasti et voi *vapaasti* olla eri mieltä tästä arvolupauksesta. Huomaat nopeasti, että tämä kehotus on kaikkea muuta kuin väkivallaton. Jos kieltäydyt käyttämästä tuota paperivaluuttaa liiketoimiin tai verojen maksamiseen, ainoat ihmiset, joiden kanssa voit keskustella taloustieteestä, ovat sellitoverisi.

Fiat-rahan arvoa ei voi johtaa sen luontaisista ominaisuuksista. Se, kuinka hyvää tietty fiat-raha on, korreloi vain sen loihtijoiden poliittisen ja verotuksellisen (epä)vakauden kanssa. Sen arvo määrätään asetuksella, mielivaltaisesti.

Viime päiviin saakka käytössä oli kahdenlaista rahaa: **hyödykerahaa**, joka itsessään oli valmistettu jostakin arvokkaasta, sekä **edustavaa rahaa**, joka vain *edusti* arvokkaita asioita, useimmiten kirjallisesti.

Olemme edellä jo hieman käsitelleet hyödykerahaa. Ihmiset käyttivät erityisiä luita, simpukankuoria ja jalometalleja rahana. Myöhemmin rahana käytettiin pääasiassa jalometalleista, kuten kullasta ja hopeasta, valmistettuja kolikoita. Toistaiseksi vanhin löydetty kolikko on valmistettu luonnollisesta kulta- ja hopeaseoksesta yli 2700 vuotta sitten.[1] Mitä uusia käsitteitä Bitcoiniin liittyykään, kolikko[2] ei ole yksi niistä.

Näyttää siltä, että kolikoiden hamstraaminen, tai hodlaaminen nykypäivän ilmaisua käyttääkseni, on melkein yhtä vanhaa perua kuin kolikot itse. Varhaisin kolikoiden hodlaaja oli joku, joka laittoi lähes sata kulta-hopeakolikkoa yhteen ruukkuun ja hautasi sen temppelin perustuksiin, mistä se löydettiin 2500 vuotta myöhemmin. Melko hyvä kylmäsäilö[3], jos minulta kysytään.

Yksi jalometallikolikoiden käyttöön liittyvistä haittapuolista on se, että niitä voidaan ”leikata”, mikä heikentää kolikon arvoa merkittävästi. Metallileikkeistä voidaan lyödä uusia kolikoita, mikä ajan myötä kasvattaa rahan tarjontaa samalla heikentäen jokaisen yksittäisen kolikon arvoa. Ihmiset kirjaimellisesti rapsuttivat hopeadollareistaan niin paljon hopeaa kuin vain kehtasivat. Minkähänlaisia mahtoivat tuolloin olla *Dollar Shave Club* -mainokset.

Inflaatio on valtioille okei vain silloin, kun se on niiden itse aiheuttamaa; kun "sissit" alensivat kolikoiden arvoa, se yritettiin saada loppumaan tavalla tai toisella. Kuten klassiseen poliisi ja rosvo -asetelmaan kuuluu, kun kolikoiden leikkaajista tuli entistä luovempia, oli ”kolikkopajojen mestarien” oltava vieläkin luovempia omissa vastatoimissaan. Yksi näistä mestareista oli *Principia Mathematica* -teoksestaan tuttu maailmankuulu fyysikko Isaac

---

[1] Kreikkalainen historioitsija Herodotos on 400-luvulla eaa. kirjoittanut lyydialaisten olleen ensimmäinen kulta- ja hopeakolikoita käyttänyt kansa. [43]

[2] Engl. *coin*.

[3] Suom. huom. – Kylmäsäilytyksellä tarkoitetaan Bitcoin-lompakon avainten säilyttämistä paikassa tai laitteella, joka ei ole yhteydessä Internetiin.

Newton. Hänen ansiostaan kolikoiden reunoihin ryhdyttiin tekemään pieniä juovia, joita kolikoissa on yhä edelleen. Taakse jäivät helpot kolikoiden hiomisen päivät.

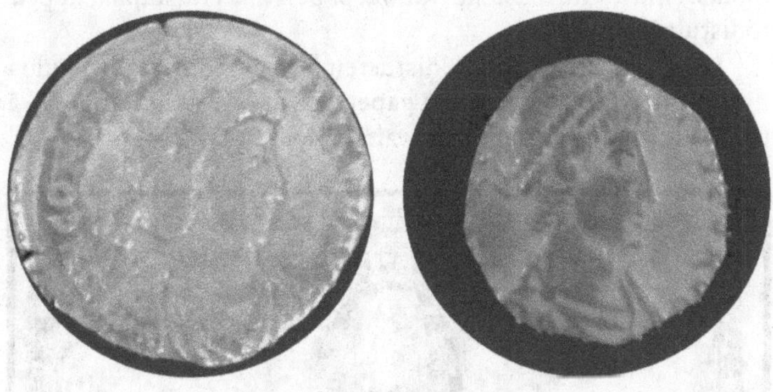

Eriasteisesti leikeltyjä kolikoita.

Kolikot kärsivät edelleen muista haasteista, vaikka edellä mainittuja menetelmiä kolikoiden metallipitoisuuden alentamista vastaan otettiinkin käyttöön.[4] Kolikot vievät paljon tilaa, eikä niitä ole kovin kätevä kuljettaa, varsinkaan siirrettäessä suuria summia. Valtavan hopeadollarilaukun ottaminen mukaan Mersu-ostoksille ei ole kovin käytännöllistä.

Saksaan liittyy mersujen lisäksi myös tarina siitä, miten Yhdysvaltain dollari sai nimensä. Sana "dollari" on peräisin saksankielisestä sanasta *Thaler*, joka taas on lyhenne sanasta *Joachimsthaler* [98]. Joachimsthaler oli nimitys *Sankt Joachimsthalin* kaupungissa löydyille kolikoille. *Thal* tarkoittaa laaksoa ja *-er*-pääte ilmaisee, että joku (tai jokin) on kotoisin (tai peräisin) laaksosta. Siispä koska Joachimsthal oli hopean tuotannon merkittävin laakso, sieltä peräisin oleviin hopeakolikoihin viitattiin yksinkertaisesti sanalla *Thaler*. Saksan kielen *Thaler*-sanasta muovautui hollannin kielessä *daalder* ja lopulta englannin kielessä *dollar*.[5]

---

[4] Leikkelyn lisäksi yleisimpiä keinoja kolikon arvon alentamiseksi olivat hikoilutus (kolikoita raviteltiin pussissa ja niistä irronnut pöly kerättiin talteen) ja tuikkaus (kolikon keskelle puhkottiin reikä, joka saatiin piiloon vasaroimalla kolikko litteäksi). [89]

[5] Suom. huom. – Suomen kielessä käytetään nimityksiä *taaleri, taalari* ja *talari*. Ruotsin ja Suomen yhteisen historian tärkein rahayksikkö oli taalari. Lähde: https://fi.wikipedia.org/wiki/Taaleri

Edustavan rahan käyttöönotto ennakoi kovan rahan tuhoa. Kultasertifikaatit eli -todistukset otettiin käyttöön vuonna 1863, ja noin viisitoista vuotta myöhemmin myös hopeadollarit alkoivat hitaasti mutta varmasti korvautua paperisilla edustajilla: hopeatodistuksilla [96].

Ensimmäisten hopeatodistusten käyttöönotosta ehti kulua noin 50 vuotta, kunnes nämä paperinpalat ottivat muodon, joka tänä päivänä tunnetaan Yhdysvaltain dollarina.

Yhdysvaltain hopeadollari vuodelta 1928. Keskellä alhaalla on teksti "Payable to the bearer on demand", eli suomeksi "Maksettava haltijalle tämän pyynnöstä".

Huomaa, että vuoden 1928 Yhdysvaltain hopeadollaria kutsutaan edelleen *hopeatodistukseksi*, mikä osoittaa, että tämä on todellakin yksinkertaisesti vain asiakirja, jossa todetaan, että tämän paperilapun haltijalle ollaan lapun osoittama määrä velkaa hopeassa. On mielenkiintoista huomata, että tämän osoittavan tekstin koko pieneni ajan myötä. Viittaus "todistukseen" hävisi jonkin ajan kuluttua täysin, ja se korvautui vakuuttavalla lausunnolla siitä, että tällainen paperilappu on *Federal Reserve Note* eli Yhdysvaltain keskuspankin maksusitoumus, toisin sanoen seteli.

Sama tapahtui myös kullalle, kuten edellä mainittiin. Suurimmassa osassa maailmaa oli käytössä kaksimetallikanta, mikä tarkoitti sitä, että kolikoita valmistettiin pääasiassa kullasta ja hopeasta [83]. Kultatodistukset, jotka voitiin lunastaa kultakolikoissa, olivat ilmeinen teknologinen parannus. Paperi oli kätevämpää, kevyempää ja helpommin jaettavissa pienempiin yksiköihin, sillä paperitodistukseen saattoi aina mielivaltaisesti vain painaa pienemmän numeron.

Sadan Yhdysvaltain dollarin arvoinen kultatodistus vuodelta 1928.

Muistuttaakseen todistusten haltijoita (käyttäjiä) siitä, että nämä paperit edustivat todellista kultaa ja hopeaa, tämä todettiin selkeästi itse todistuksessa ja todistus myös värjättiin edustamansa metallin väriseksi. Ylhäältä alas voidaan sujuvasti lukea:

"This certifies that there have been deposited in the treasury of the United States of America one hundred dollars in gold coin payable to the bearer on demand."

Eli suomeksi:

"Tämä on todistus siitä, että Amerikan yhdysvaltojen valtion kassaan on talletettu 100 dollaria kultakolikkoina, jotka on maksettava haltijalle tämän pyynnöstä."

Teksti "maksettava haltijalle tämän pyynnöstä" poistettiin kaikista uusista liikkeelle laskettavista seteleistä vuonna 1963. Viisi vuotta myöhemmin kulta- ja hopearahojen lunastus paperisia todistuksia vastaan päättyi kokonaan.

Paperirahojen alkuperästä ja tarkoituksesta kertovat sanalliset viitteet poistettiin. Kultainen väri katosi. Jäljelle jäi vain paperi, jota valtio saattoi painaa mielin määrin.

Kun kultakanta vuonna 1971 poistettiin, saatiin sata vuotta kestänyt silmänkääntötemppu päätökseen. Rahasta tuli aina näihin päiviin asti jatkunutta, yhteistä illuusiota: fiat-rahaa. Sillä on arvoa, koska joku, joka käskee armeijoita ja pyörittää vankiloita, sanoo niin. Jokaisessa kierrossa olevassa dollarissa lukee: "tämä seteli on laillinen maksuväline". Toisin sanoen, seteleillä on arvoa, koska niissä lukee niin.

Nykyisin käytössä oleva, vuoden 2004 dollarisarjan kahdenkymmenen dollarin seteli, jossa lukee "tämä seteli on laillinen maksuväline"

Nykyseteleihin on muuten piilotettu näkyviin toinenkin mielenkiintoinen opetus. Toisella rivillä lukee, että kyseessä on laillinen maksuväline "kaikkien velkojen, yksityisten ja julkisten, suorittamiseen". Se, mikä voi olla ilmeistä taloustieteilijöille, tuli minulle yllätyksenä: kaikki raha on velkaa. Tämä tieto saa pääni yhä kipeäksi, joten jätän rahan ja velan suhteen tarkemman tutkiskelun kotitehtäväksi lukijoille.

Olemme oppineet, että kultaa ja hopeaa käytettiin rahana vuosituhansien ajan. Aikojen saatossa kullasta ja hopeasta valmistetut kolikot korvattiin paperilla. Vähitellen paperista tuli hyväksyttävä maksuväline. Paperin hyväksyminen loi illuusion: syntyi harha, että itse paperilla on arvoa. Viimeinen vaihe oli yhteyden katkaiseminen tyystin edustavan ja todellisen väliltä: kultakanta poistettiin ja kaikki vakuutettiin siitä, että paperi itsessään on arvokasta.

Bitcoin opetti minulle rahan historiasta sekä taloushistorian suurimmasta hämäyksestä, fiat-valuutasta.

13

***

VÄHIMMÄISVARANTOHULLUUS

Arvo ja raha eivät ole yksinkertaisia aiheita, etenkään tänä päivänä. Pankkijärjestelmässämme tapahtuva rahan luominen ei myöskään ole yksinkertaista, ja minulla on paha aavistus siitä, että monimutkaisuus on tarkoituksellista. Se, mihin olen aiemmin törmännyt vain akateemisessa ympäristössä ja oikeudellisissa teksteissä, näyttää olevan yleinen käytäntö myös finanssimaailmassa: mitään ei selitetä yksinkertaisesti, muttei sen takia, että asiat todella olisivat monimutkaisia – totuus vain piilotetaan lukemattomien jargon-kerrosten ja *näennäisen* monimutkaisuuden alle. ”Ekspansiivista rahapolitiikkaa, määrällistä keventämistä, fiskaalista elvytystä...” Ja yleisö nyökkäilee mukana, hienojen sanojen hypnotisoimana.

Vähimmäisvarantopankkitoiminta ja määrällinen keventäminen ovat kaksi esimerkkiä sellaisista hienoista ilmauksista, joilla todellisuus verhotaan vaikeaselkoisuuteen ja siitä tehdään muka hankalaa ymmärtää. Jos selittäisit nuo käsitteet viisivuotiaalle, kävisi nopeasti ilmi, että ne molemmat ovat järjettömiä.

Euroopan parlamentin yhteiskeskustelussa puhunut Godfrey Bloom sanoi asian paremmin kuin sitä itse koskaan osaisin ilmaista:

47

"[Et taida] todella ymmärtää pankkitoiminnan käsitettä. Kaikki pankit ovat rahattomia. Santander, Deutsche Bank, Royal Bank of Scotland – kaikki vararikossa! Ja miksikö ne ovat vararikossa? Ei siihen mikään korkeampi voima ole vaikuttanut. Ei niihin ole iskenyt mikään tsunami. Ne ovat pennittömiä, koska pankkitoimintamme pohjana on 'vähimmäisvarantojärjestelmä' mikä tarkoittaa sitä, että pankit voivat lainata rahaa, jota niillä ei todellisuudessa ole! Se on rikosskandaali, joka on saanut jatkua jo aivan liian pitkään. – – Tapahtuu väärentämistä – jota toisinaan kutsutaan määrälliseksi keventämiseksi – mutta väärentämistä se on, oli nimitys mikä tahansa. Rahan keinotekoista luomista, josta tavallinen ihminen kiinni jäädessään joutuisi hyvin pitkäksi aikaa vankilaan. – – ja siihen saakka, kunnes alamme laittaa pankkiireja – keskuspankkiirit ja poliitikot mukaan lukien – vankilaan, tämä häväistys jatkuu entisellään."

– Godfrey Bloom[1]

Salli minun toistaa tästä tärkein: pankit voivat lainata rahaa, jota niillä ei todellisuudessa ole.

Vähimmäis- tai osittaisvarantojärjestelmän ansiosta pankin on säilytettävä vain *murto-osa* jokaisesta saamastaan eurosta (tai dollarista). Säilytettävä osuus on jotakin nollan ja kymmenen prosentin väliltä, yleensä lähempänä nollaa, mikä pahentaa tilannetta entisestään.

Käytetäänpä konkreettista esimerkkiä tämän hullun ajatuksen selventämiseksi: oletetaan varanto-osuudeksi 10 %, niin pystymme tekemään kaikki laskelmat päässämme. Näppärää. Eli, jos laitat 100 euroa pankkiin – koska et halua säilöä sitä sukan varteen – pankin on säilytettävä vain sovittu *murto-osa* koko summasta. Esimerkissämme se on 10 euroa, koska 100 eurosta 10 % on 10 euroa. Helppoa, eikö?

---

[1]Keskustelu pankkiunionista. [15]

Mitä pankit sitten loppurahalla tekevät? Mitä 90 eurollesi tapahtuu? Pankit tekevät sillä, mitä pankit yleensä tekevät: lainaavat sen eteenpäin. Tuloksena on rahakerroinvaikutus, joka lisää rahan tarjontaa tietyn talouden puitteissa valtavasti (ks. kuvaaja rahakerroinvaikutuksesta). Alkuperäinen 100 euron talletuksesi muuttuu pian 190 euroksi. Näin luodusta 90 eurosta kun lainataan jälleen 90 %, on taloudessa pian 271 euroa. Ja tämän jälkeen 343,90 euroa. Rahan tarjonta kasvaa rekursiivisesti, sillä pankit kirjaimellisesti lainaavat rahaa, jota heillä ei ole [90]. Ilman yhtäkään taikasanaa pankit taikovat 100 eurosta tuhansia tai enemmän. Rahamäärän kasvattaminen kymmenkertaiseksi näyttää siis olevan helppo homma. Se vie vain muutaman antolainauskierroksen.

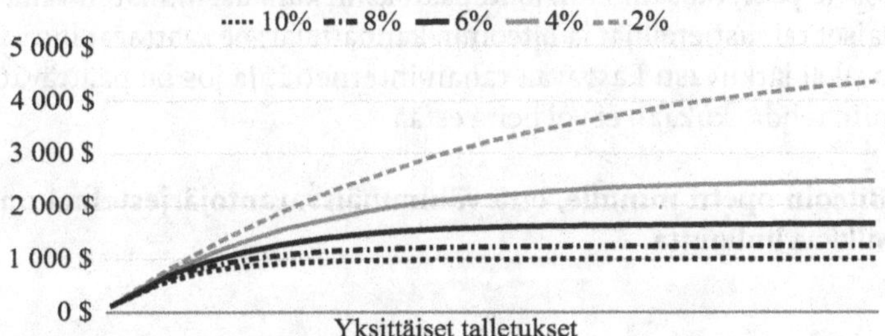

Rahakerroinvaikutus, eli miten satadollaria paisuu vähimmäisvarantojärjestelmässä eri minimireservivaatimuksilla.

Älä ymmärrä väärin: Antolainauksessa ei ole mitään vikaa. Koroissa ei ole mitään vikaa. Vanhoihin kunnon perinteisiin pankkeihin tehtävissä talletuksissakaan ei ole mitään vikaa, onhan se sentään turvallisempi tapa säilyttää varallisuutta kuin patjan alla tai sukan varressa.

Keskuspankit kuitenkin ovat eri maata. Varsinaisia taloudellisen sääntelyn kammotuksia, puoliksi julkisia ja puoliksi yksityisiä sekasikiöitä leikkimässä jumalia asiassa, joka koskettaa kaikkia globaaliin sivilisaatioon kuuluvia, vailla omaatuntoa ja vain lähitulevaisuudesta kiinnostuneina – kaikesta päätellen olematta vastuussa kenellekään tai kenenkään valvonnassa.

Bitcoinkin on vielä jonkin aikaa inflatorinen järjestelmä, mutta melko pian näin ei enää ole. Bitcoinien tarjonta on tiukasti 21 miljoonaan rajoitettu, mikä hävittää inflaation lopulta kokonaan. Meillä on nyt kaksi rahapoliittista maailmaa: inflatorinen maailma, jossa rahaa luodaan mielivaltaisesti, ja Bitcoinin maailma, jossa rahan kokonaistarjonta on kiinteä ja kaikkien helposti tarkastettavissa. Toista tuputetaan meille väkivallan uhalla, toiseen taas voi liittyä kuka tahansa, joka niin haluaa tehdä. Ei pääsyn esteitä eikä lupa-anomuksia. Osallistuminen on vapaaehtoista. Siinä piilee Bitcoinin kauneus.

Uskallan väittää, että keynesiläisten[2] ja itävaltalaisten[3] taloustieteilijöiden näkemyserot eivät ole enää puhtaan akateemisia. Satoshin rakentama arvonsiirtojärjestelmä on kuin steroideilla pumpattu arvonsiirtojärjestelmä, ja sen muassa syntyi myös kestävin rahan koskaan. Tavalla tai toisella yhä useammat ihmiset saavat tietää huijauksesta nimeltä vähimmäisvarantojärjestelmä. Jos he päätyvät samoihin johtopäätöksiin kuin useimmat itävaltalaiset taloustieteilijät ja bitcoinin kannattajat, he saattavat liittyä osaksi jatkuvasti kasvavaa rahan internetiä. Ja jos he päättävät niin tehdä, kukaan ei voi heitä estää.

Bitcoin opetti minulle, että vähimmäisvarantojärjestelmä on silkkaa hulluutta.

---

[2] Teoriat, jotka pohjaavat John Maynard Keynesin ja hänen seuraajiensa näkemyksiin. [84]

[3] Taloustieteen koulukunta, jonka lähtökohtana on metodologinen individualismi. [80]

14

✳✳✳

KESTÄVÄ RAHA

Tärkein Bitcoinilta saamani opetus on se, että pitkällä aikavälillä kova raha on parempaa kuin pehmeä. Kova raha[1], jota myös *kestäväksi, vakaaksi, järkeväksi* tai *toimivaksi* rahaksi[2] kutsutaan, on mikä tahansa maailmanlaajuisesti vaihdettava valuutta, joka toimii luotettavana arvon säilyttäjänä.

Bitcoin on toki edelleen nuori ja epävakaa. Kriitikoiden kuulee sanovan, ettei se säilytä arvoa luotettavasti. Jos heidän väitteensä perustuvat volatiliteettiin eli hintaheiluntaan, asian ydin ei ole tullut aivan ymmärretyksi. Hinta odotettavasti tulee heilumaan. Markkinoilta vie jonkin aikaa selvittää tälle uudelle rahalle reilu hinta. Lisäksi, kuten usein leikillisesti todetaan, se perustuu mittausvirheeseen. Jos ajattelet dollareissa, et kykene ymmärtämään, että yksi bitcoin tulee aina olemaan yhden bitcoinin arvoinen.

---

[1] Engl. *hard money.*
[2] Engl. *sound money.*

"Kiinteä rahan tarjonta tai tarjonta, jota muutetaan vain objektiivisten ja laskettavissa olevien kriteerien mukaisesti, on välttämätön edellytys mielekkäälle ja reilulle rahan hinnalle."

– Isä Bernard W. Dempsey, S.J.[3]

Pikainen vierailumme unohdettujen valuuttojen hautausmaalla osoitti, että rahaa, jota voidaan painaa, painetaan. Toistaiseksi yksikään ihminen koko historiassa ei ole kyennyt vastustamaan tätä kiusausta.

Bitcoin tekee lopun houkutuksesta luoda rahaa nerokkaalla tavalla. Satoshi oli tietoinen ihmisen ahneudesta ja erehtyväisyydestä – siksi hän valitsi inhimillisen itsehillinnän sijaan jotakin luotettavampaa: matematiikan.

$$\sum_{i=0}^{32} \frac{21000 \lfloor \frac{50*10^8}{2^i} \rfloor}{10^8}$$

Bitcoinin tarjonnan kaava

Yllä oleva kaava on käyttökelpoinen Bitcoinin tarjonnan kuvaamiseksi, mutta sitä ei itse asiassa löydy mistään itse lähdekoodista. Uusien bitcoinien liikkeeseenlasku tapahtuu algoritmisesti hallitulla tavalla vähentämällä louhijoille maksettavaa palkkiota joka neljäs vuosi [11]. Yllä oleva kaava toimii nopeana yhteenvetona siitä, mitä Bitcoinin "konepellin" alla tapahtuu. Se, mitä todella tapahtuu, saadaan parhaiten selville tarkastelemalla muutosta lohkopalkkiossa, eli siinä palkkiossa, joka maksetaan kelvollisen lohkon löytäjälle noin kymmenen minuutin välein.

Kaavojen, logaritmisten funktioiden ja eksponenttien oivaltaminen ei ole aivan sieltä helpoimmasta päästä. *Kestävyyden*[4] käsite saattaa olla helpompi ymmärtää, jos sitä tarkastellaan toisesta kulmasta. Kunhan tiedämme, kuinka paljon jotain on olemassa,

---

[3] Perry J. Roets, S.J., *Review of Social Economy*. [59]
[4] Engl. *soundness*.

ja kuinka vaikeaa tätä jotakin on tuottaa tai saada käsiinsä, ymmärrämme sen arvon välittömästi. Se, mikä pätee Picasson maalauksiin, Elvis Presleyn kitaroihin ja Stradivarius-viuluihin, pätee myös fiat-valuuttoihin, kultaan ja bitcoineihin.

Fiat-valuutan kovuus riippuu siitä, kuka hallitsee painokoneita. Toiset valtiot saattavat olla halukkaampia luomaan suuria määriä valuuttaa, mikä johtaa niiden valuutan heikkenemiseen. Toiset valtiot taas saattavat olla pidättyväisempiä rahan painamisessaan, mikä puolestaan johtaa valuutan vahvistumiseen.

> "Eräs tärkeä tähän uuteen todellisuuteen liittyvä näkökulma on se, etteivät Yhdysvaltain keskuspankin kaltaiset instituutiot voi ajautua konkurssiin. Ne voivat käytännössä nollakustannuksin luoda niin paljon rahaa kuin vain sattuvat tarvitsemaan."
>
> – Jörg Guido Hülsmann[5]

Ennen fiat-valuuttojen keksimistä rahan kestävyyden ja vakauden määritteli rahana käytettyjen esineiden ja asioiden luonnolliset ominaisuudet. Fysiikan lait rajoittavat kullan määrää maan päällä. Kulta on harvinaista, koska supernovien ja neutronitähtien törmäykset ovat harvinaisia. Kullan "virtaus" on rajallista, koska sen kaivaminen maasta on melko vaivalloista. Se on raskas alkuaine, joten suurin osa siitä on hautautunut syvälle maahan.

Kultakannan lakkauttaminen loi uuden todellisuuden: uuden rahan luominen vaatii vain pisaran mustetta. Nykymaailmassa muutaman nollan lisääminen pankkitilin saldoon vaatii vielä vähemmän vaivaa: tarvitsee vain pyöritellä muutamia bittejä pankin tietokoneella.

Edellä hahmoteltu periaate voidaan ilmaista yleisemmin "varannon" ja "virtauksen" suhteena. Yksinkertaisesti sanottuna *varanto* kuvaa sitä, kuinka paljon jotain on tällä hetkellä olemassa. Käsittelymme kannalta *varanto* tarkoittaa nykyisen rahan tarjonnan mittaria. *Virtaus* puolestaan kuvaa sitä, kuinka paljon tuota jotakin tuotetaan tietyn ajanjakson aikana (esim. vuodessa). Varanto-virtaussuhteen ymmärtäminen on avainasemassa kestävän ja toimivan rahan ymmärtämisessä.

Fiat-valuutan varanto-virtaussuhteen laskeminen on vaikeaa, koska rahan määrän määrittäminen riippuu siitä, miten sitä tarkastellaan [93]. Rahan tarjontaan voidaan laskea mukaan pelkät setelit ja kolikot (rahaperusta, nimetty M0:ksi), minkä lisäksi lukuun voidaan ottaa myös matkasekit ja sekkitilit (M1) sekä näiden lisäksi säästötilit, markkinarahastot ja muutamia muita (M2). Kaiken päälle voidaan vielä lisätä talletustodistukset (M3). Ja kaikesta tekee vielä haastavampaa se, että tämä kaikki määritellään ja mitataan maittain eri tavalla. Lisäksi koska Yhdysvaltain keskuspankki lopetti M3-lukujen julkaisemisen [58], meidän on pärjättävä rahan M2-tarjonnalla. Haluaisin pystyä tarkastamaan nämä luvut, mutta tällä erää meidän on kai vain luotettava keskuspankkiin.

Korkein varanto-virtaussuhde on kullalla, yhdellä planeettamme harvinaisimmista metalleista. Yhdysvaltain geologian tutkimuskeskuksen [65] mukaan kultaa on tähän mennessä louhittu hieman yli 190 000 tonnia. Viime vuosina kultaa on louhittu noin 3 100 tonnia vuodessa. Voimme helposti laskea kullan varanto-virtaussuhteen näiden lukujen avulla (ks. kullan varanto-virtaussuhteen kaava yllä).

$$\frac{190,000t}{3,100t} = 61$$

Kullan varanto-virtaussuhteen kaava

Minkään muun resurssin varanto-virtaussuhde ei ole yhtä korkea kuin kullan. Tästä johtuen kulta on aina viime päiviin saakka ollut kovin ja kestävin kaikista olemassa olevista rahoista. Usein kuulee sanottavan, että kaikki toistaiseksi louhittu kulta mahtuu kahteen olympiakokoiseen uima-altaaseen. Laskelmieni[6] mukaan tarvitsemme kuitenkin neljä uima-allasta. Ehkä tätä sanontaa on päivitettävä, tai ehkä olympialaisissa käytetyt uima-altaat ovat pienentyneet.

Sitten näyttämölle astuu Bitcoin. Bitcoinien louhinta on muutamina viime vuosina ollut todella suosittua, kuten varmasti tiedät. Tämä johtuu siitä, että olemme vielä niin sanotun *palkkioaikakau-*

---

[6]https://bit.ly/gold-pools

den alkuvaiheessa, jonka aikana louhintasolmut saavat palkkioksi *runsaasti* bitcoineja laskennallisesta vaivannäöstään. Tällä hetkellä on meneillään järjestyksessään kolmas palkkiokausi, joka alkoi vuonna 2016 ja päättyy vuoden 2020 alkupuolella, luultavasti toukokuussa. Vaikka bitcoinien tarjonta on ennalta määritetty, Bitcoinin toimintamekanismit estävät meitä esittämästä likimääräistä tarkempia päivämääriä. Tästä huolimatta voimme kuitenkin ennustaa Bitcoinin varanto-virtaussuhteen korkeuden. Spoilerivaroitus: se tulee olemaan korkea.

Kuinka korkea? No, näyttää siltä, että Bitcoinista tulee äärettömän kovaa ja kestävää.

Louhintapalkkion alentuessa eksponentiaalisesti, uusien bitcoinien virtaus vähenee ja varanto-virtaussuhde nousee räjähdysmäisesti. Bitcoin saa kullan kiinni vuonna 2020 ja ohittaa sen jo siitä neljän vuoden päästä, kun sen kestävyys eli varanto-virtaussuhde jälleen kaksinkertaistuu. Vastaava kaksinkertaistuminen tapahtuu yhteensä 64 kertaa. Eksponenttien voiman ansiosta vuosittain louhittujen bitcoinien määrä putoaa alle 100 bitcoiniin 50 vuodessa ja alle yhteen bitcoiniin 75 vuodessa. Bitcoin-hana tiputtaa viimeisen pisaransa, toisin sanoen lohkopalkkion, jossain vuoden 2140 tietämillä. Uusien bitcoinien tuotanto päättyy siihen. Tämä on pitkä peli. Jos luet tätä, ehdit vielä hyvin mukaan.

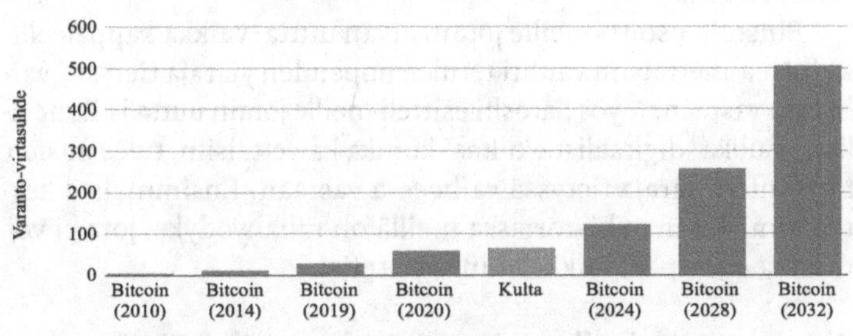

Bitcoinin varanto-virtaussuhteen kasvu kultaan verrattuna

Bitcoinin varanto-virtaussuhteen lähestyessä ääretöntä siitä tulee kaikkein kestävintä ja toimivinta rahaa. Ääretöntä kestävyyttä on vaikea päihittää.

Taloustieteen näkökulmasta katsottuna Bitcoinin luultavasti tärkein osatekijä on sen *vaikeusasteen säätömekanismi*. Se, kuinka vaikeaa bitcoinien louhinta on, riippuu siitä, kuinka nopeasti uusia bitcoineja louhitaan.[7] Juuri verkon louhintavaikeuden dynaamisen mukautumisen ansiosta bitcoinien tulevaisuuden tarjontaa kyetään ennustamaan.

Vaikeudensäätöalgoritmin yksinkertaisuus saattaa viedä huomiota siltä, kuinka merkittävä mekanismi se on, mutta kyseessä todella on jotakin yhtä vallankumouksellista kuin Einsteinin suhteellisuusteoria. Vaikeudensäädöllä varmistetaan, ettei bitcoinien hallittu tarjonnan kasvu häiriinny, nähtiin louhinnan eteen sitten kuinka paljon tai vähän vaivaa tahansa. Toisin kuin kaikkien muiden resurssien tapauksessa, bitcoinien louhintaan kulutetun energian määrä ei kasvata kokonaispalkkiota.

Niin kuin $E = mc^2$ sanelee koko maailmankaikkeuttamme koskevan rajoituksen nopeudelle, sanelee Bitcoinin vaikeudensäätö koko Bitcoinin **maailmankaikkeutta koskevan rajoituksen rahalle**.

Ilman vaikeudensäätöä kaikki bitcoinit olisi jo louhittu. Ilman vaikeudensäätöä Bitcoin olisi todennäköisesti kärsinyt kätkytkuoleman. Vaikeudensäätö on Bitcoin-verkon tuki ja turva palkkioaikakaudella. Sillä varmistetaan uusien bitcoinien tasainen ja puolueeton jakautuminen.[8] Se on Bitcoinin rahapolitiikkaa säätelevä termostaatti.

Einstein osoitti meille jotain aivan uutta: vaikka kappaleelle kuinka annettaisiin vauhtia, tulee nopeuden yläraja tietyssä vaiheessa vastaan. Myös Satoshi esitteli meille jotain uutta ja ihmeellistä: vaikka "digitaalista kultaa" kuinka kaivettaisiin, tulee uusien bitcoinien yläraja tietyssä vaiheessa vastaan. Ensimmäistä kertaa ihmiskunnan historiassa meillä on rahahyödyke, jota ei voi tuottaa enempää, vaikka kuinka yrittäisi.

Bitcoin opetti minulle, että kestävä raha on välttämättömyys.

---

[7] Oikeastaan se riippuu siitä, kuinka nopeasti kelvollisia lohkoja löydetään, mutta käsittelymme puitteissa tämä on sama asia kuin "bitcoinien louhinta" - ja näin tulee olemaan myös seuraavat 120 vuotta.

[8] Dan Held, *Bitcoinin jako oli reilu*. [32]

Osa III
Teknologia

"Tällä kertaa olen viisaampi", hän arveli, ot-
ti pienen kulta-avaimen ja avasi oven, joka johti
puutarhaan.

– Lewis Carroll

Teknologia

Kultaisia avaimia, vain sattumalta toimivia kelloja, kilpailuja outojen arvoitusten ratkaisemiseksi sekä kasvottomia ja nimettömiä rakentajia. Nämä kuulostavat ihan saduilta Ihmemaasta mutta ovat arkipäivää Bitcoinin maailmassa.

Merkittävä osa nykyisestä rahoitusjärjestelmästämme on systemaattisesti rikki, kuten osassa 7 opimme. Liisan tavoin voimme vain toivoa olevamme tällä kertaa viisaampia. Kiitos erään salanimen taakse piiloutuneen keksijän, meillä kuitenkin on tällä kertaa tukenamme uskomattoman edistyksellistä teknologiaa: Bitcoin.

Ongelmien ratkaiseminen täysin hajautetussa ja kilpailullisessa ympäristössä edellyttää ainutlaatuisia ratkaisuja. Vähäpätöisiltä vaikuttavat ongelmat ovat kaikkea muuta kuin vähäpätöisiä tässä oudossa solmujen maailmassa. Bitcoinissa useimmat ratkaisut nojaavat vahvaan salaukseen, ainakin teknologisesta näkökulmasta. Siihen, kuinka vahvaa tämä kryptografia eli salaustekniikka tosiasiassa on, paneudutaan yhdellä seuraavista oppitunneista.

Bitcoinissa kryptografialla poistetaan tarve luottaa viranomaisiin. Sen sijaan, että järjestelmä luottaisi keskitettyihin toimijoihin, se nojaa maailmankaikkeuden korkeimpaan auktoriteettiin, fysiikkaan. Luottamuksen jyväsiä on kuitenkin edelleen olemassa. Näihin jyväsiin tutustutaan tämän osan toisella oppitunnilla.

Osa III – Teknologia

15. Numeroiden joukkovoima

16. Pohdintoja aiheesta "Älä luota – todenna"

17. Aikaa ja vaivaa

18. Etene hitaasti äläkä riko mitään

19. Yksityisyys elää ja voi hyvin

20. Kryptopunkkarit tekevät sen koodilla

21. Vertauskuvia Bitcoinin tulevaisuudelle

Viimeisten oppituntien aikana tutustutaan Bitcoinin teknologisen kehityksen eetokseen, joka on kiistatta yhtä tärkeä kuin teknologia itsessään. Bitcoin ei ole seuraava älypuhelinsovellusvillitys. Se on uuden taloudellisen todellisuuden perusta, minkä vuoksi Bitcoinia tulisi pitää reaktoriluokan finanssiohjelmistona.

Missä vaiheessa tätä rahoituksellista, yhteiskunnallista ja teknologista vallankumousta nyt mennään? Erilaiset verkot ja teknologiat menneisyydestä voivat toimia vertauskuvina Bitcoinin tulevaisuudelle, mihin tutustutaan viimeisellä oppitunnilla.

Jälleen on aika laittaa turvavyöt kiinni ja nauttia matkasta. Niin kuin kaikilla eksponentiaalisilla teknologioilla, lentoratamme tulee olemaan parabolinen.

15

***

NUMEROIDEN JOUKKOVOIMA

Numerot ovat olennainen osa jokapäiväistä elämäämme. Isoihin lukuihin ei kuitenkaan suurin osa meistä ole liiemmin tutustunut. Arkemme suurimmat luvut ovat miljoonien, miljardien tai korkeintaan biljoonien luokkaa. Saatamme lukea miljoonista köyhyydessä elävistä ihmisistä, pankkien pelastuspaketteihin käytetyistä miljardeista tai biljooniin paisuneesta valtionvelasta. Tällaisia uutisotsikoita on vaikea ymmärtää, mutta niihin sisältyvät numerot itsessään eivät aiheuta meille harmaita hiuksia.

Vaikka miljardit ja biljoonat voivat näyttää meistä ymmärrettäviltä, intuitiomme ei enää toimi edes tämän suuruusluokan luvuissa. Osaatko intuitiivisesti hahmottaa, kuinka kauan miljoona, miljardi tai biljoona sekuntia kestää? Jos olet kuin minä, ei sinulla ole aavistustakaan, jollet todella laske miljoonaan, miljardiin tai biljoonaan.

Tarkastellaanpa tätä hieman tarkemmin. Sekä miljoonan (10^6) ja miljardin (10^9) että miljardin ja biljoonan (10^{12}) väliin jää kolme suuruusluokkaa. Sekuntien ajatteleminen ei kerro meille juuri mitään, joten muutetaanpa sekunnit helpommin ymmärrettävään muotoon:

- 10^6: miljoona eli 1 000 000 sekuntia oli 11/2 viikkoa sitten

- 10^9: miljardi eli 1 000 000 000 sekuntia oli melkein 32 vuotta sitten

- 10^{12}: biljoona eli 1 000 000 000 000 sekuntia sitten Manhattania peitti paksu jääkerros.[1]

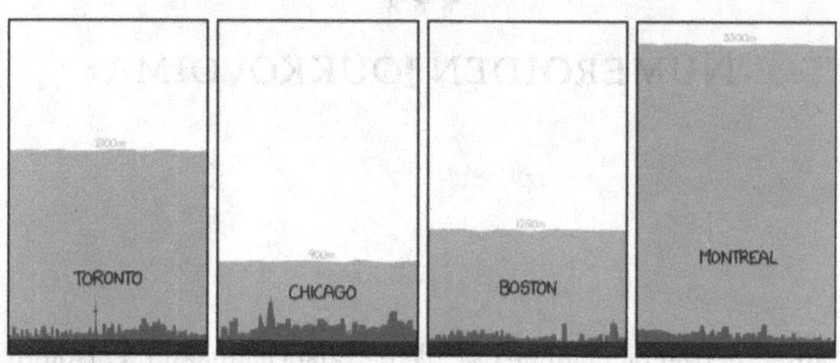

Jääkerrosten paksuus noin 1 biljoonaa sekuntia sitten. Lähde: xkcd 1225

Heti kun astumme nykyaikaisen kryptografian tähtitieteellisten suureiden maailmaan, intuitiomme menee aivan sekaisin. Bitcoin on rakennettu sellaisten suurten lukujen varaan, joiden arvaaminen on käytännössä mahdotonta. Nämä luvut ovat huomattavasti suurempia kuin ne, joihin jokapäiväisessä elämässämme törmäämme. Ne ovat aivan toista suuruusluokkaa. Tällaisten lukujen suuruuden käsittäminen on välttämätöntä Bitcoinin kokonaisvaltaisen ymmärtämisen kannalta.

Konkreettisena esimerkkinä toimii SHA-256[2], yksi Bitcoinissa käytettävistä tiivistefunktioista.[3] On aivan luonnollista ajatella, että 256 bittiä tarkoittaa "kaksisataaviisikymmentäkuusi," joka ei ole kovin suuri luku. SHA-256:ssa numerolla kuitenkin viitataan suuruusluokkaan, ja se on jotakin niin suurta, etteivät aivomme oikein osaa käsitellä sitä.

---

[1] Biljoona sekuntia oli 31 710 vuotta sitten. Viimeisimmän jääkauden huippukohta oli 33 000 vuotta sitten. [100]

[2] SHA-256 on yksi NSA:n kehittämistä SHA-2-tyypin tiivistefunktioista. [94]

[3] "Bitcoinissa SHA-256-funktio on käytössä lohkojen tiivistelaskenta-algoritmissa. [10]

Vaikka bitin pituus on kätevä mittari, 256-bittisen turvallisuuden todellinen merkitys katoaa käännöksessä. Samoin kuin edellä mainitut miljoonat (10^6) ja miljardit (10^9), SHA-256 on suuruusluokka (2^{256}).

Kuinka vahva SHA-256 siis tarkalleen ottaen on?

"SHA-256 on erittäin vahva. Se ei ole vain seuraava askel, kuten MD5:stä SHA1:een. Se voi kestää vuosikymmeniä, ellei jonkinlaista massiivista tämän salausmenetelmän murtoa onnistuta tekemään."

— Satoshi Nakamoto[4]

Kirjoitetaanpa tuo luku auki. 2^{256} on yhtä kuin

115 duodekiljardia 792 duodekiljoonaa 89 undekiljardia 237 undekiljoonaa 316 dekiljardia 195 dekiljoonaa 423 noviljardia 570 noviljoonaa 985 oktiljardia 8 oktiljoonaa 687 septiljardia 907 septiljoonaa 853 sekstiljardia 269 sekstiljoonaa 984 kvintiljardia 665 kvintiljoonaa 640 kvadriljardia 564 kvadriljoonaa 39 triljardia 457 triljoonaa 584 biljardia 7 biljoonaa 913 miljardia 129 miljoonaa 639 tuhatta 936.

Siinäpä monta noviljoonaa! Tällaisen luvun käsittäminen on melko lailla mahdotonta. Fyysisessä maailmankaikkeudessa ei ole mitään, mihin sitä voisi verrata. Tuo luku on paljon suurempi kuin atomien määrä havaittavissa olevassa maailmankaikkeudessa. Aivomme eivät yksinkertaisesti kykene hahmottamaan sitä.

SHA-256:n todellista vahvuutta kuvataan mitä onnistuneimmalla tavalla eräällä Grant Sandersonin videolla. *"Kuinka varma 256-bittinen suojaus on?"*[5] video kysyy ja osoittaa kauniisti, kuinka suuri on 256-bittinen tila. Tee itsellesi palvelus ja käytä viisi minuuttia videon katsomiseen. Se on muiden *3Blue1Brown*-kanavan videoiden tavoin paitsi kiehtova, myös poikkeuksellisen hyvin tehty. Varoitus: saatat pudota matematiikan kaninkoloon.

---

[4] Satoshi Nakamoto vastauksessaan SHA-256:een liittyviin kysymyksiin. [50]
[5] Video katsottavissa: `https://youtu.be/S9JGmA5_unY`.

Bruce Schneier [62] asetti tämän luvun oikeaan perspektiiviin laskentakyvyn fyysisiä rajoitteita apunaan käyttäen: vaikka kykenisimme rakentamaan tietokoneen, joka käyttäisi kaiken sille syötetyn energian optimaalisesti bittien "naksutteluun"[6] [85], ynnä Dysonin kehän[7] Auringon ympärille, ja antaisimme tämän koneen laskea laskemistaan 100 miljardia miljardia vuotta, todennäköisyys neulan löytämiseksi 256-bittisestä heinäsuovasta olisi silti vain 25%.

> "Näillä luvuilla ei ole mitään tekemistä laitteiden teknologisen puolen kanssa; ne ovat termodynamiikan lakien mukaisia maksimiarvoja. Ne näyttävät vihjaavan vahvasti siihen suuntaan, että brute force -hyökkäykset 256-bittisiä avaimia vastaan ovat mahdottomia niin kauan kuin tietokoneet rakennetaan aineesta ja ne sijaitsevat tilassa."

> — Bruce Schneier[8]

Tämän seikan merkityksen syvyyttä on vaikea liioitella. Vahva salaus kääntää ylösalaisin koko fyysisen todellisuutemme voimatasapainon. Tosimaailmasta ei löydy mitään, mitä ei voisi murtaa. Käyttämällä tarpeeksi voimaa saat auki minkä tahansa oven, laatikon tai aarrearkun.

Bitcoin-aarrearkku on toisenlainen. Se on suojattu vahvalla salauksella, jota ei voi rikkoa raa'alla voimalla. Ja niin kauan kuin Bitcoinin taustalle kätkeytyvät matemaattiset oletukset pitävät kutinsa, raaka voima (ts. brute force[9]) on kaikki, mitä meillä on. Myönnettäköön, että on olemassa myös mahdollisuus "viiden dollarin jakoavainhyökkäykseen" (ks. sarjakuva). Kidutus ei kuitenkaan toimi kaikkien Bitcoin-osoitteiden tapauksessa, ja bitcoinien

---

[6] Suom. huom. Bitti voi olla joko 1 tai 0, "päällä" tai "pois päältä".

[7] Dysonin kehä on hypoteettinen jättiläisrakennelma, jolla voisi ympäröidä kokonaisen tähden ja joka keräisi talteen merkittävän osuuden tähden säteilyenergiasta. [77]

[8] Bruce Schneier, *Applied Cryptography*. [61]

[9] Suom. huom. – Brute force -hyökkäyksestä käytetään myös nimityksiä raakahyökkäys ja väsytyshyökkäys. Ko. hyökkäyksessä kokeillaan järjestelmällisesti kaikkia vaihtoehtoja, kunnes oikea löytyy. Mitään tietokonettahan ei varsinaisesti voi väsyttää, mutta kun hyökkääjällä on tarpeeksi resursseja (ts. raakaa voimaa) käytettävissään, kaikki mahdolliset vaihtoehdot voidaan käydä läpi.

kryptografiset muurit estävät tehokkaasti raakaan voimaan perustuvat hyökkäykset. Vaikka hakkaisit päälle tuhannen auringon voimalla. Kirjaimellisesti.

Viiden dollarin jakoavainhyökkäys.

Tämä tosiasia ja sen loogiset seuraukset on esitetty tiiviisti kutsussa kryptografiseen taisteluun: *"Pakkovallalla ei pystytä ratkaisemaan matemaattisia ongelmia."*

"Maailman toimiminen juuri tällä tavoin ei ole itsestäänselvyys. Mutta silti maailmankaikkeus hymyilee suopeasti salaustekniikalle."

– Julian Assange[10]

Kukaan ei varmuudella vielä tiedä, onko maailmankaikkeuden hymy aitoa vai ei. On toki mahdollista, että olettamuksemme matemaattisista epäsymmetrioista onkin väärä ja havaitsemme, että P itse asiassa vastaa NP:tä [92], tai että löydämme yllättävän helppoja ja nopeita ratkaisuja erityisiin ongelmiin [75], joiden tällä hetkellä oletamme olevan vaikeita. Jos näin tapahtuisi, salaustekniikka sellaisena kuin me sen tunnemme lakkaisi olemasta ja sen seurauksena koko maailma muuttuisi tunnistamattomaksi.

---

[10] Julian Assange, *Kutsu kryptografisiin aseisiin.* [4]

Vires in Numeris = Joukossa on voimaa[11]

Vires in numeris ei ole vain iskevä motto, jota bitcoinaajat käyttävät. Se, että joukossa – tai kirjaimellisesti numeroissa – on mittaamatonta voimaa, on syvällinen oivallus. Ymmärrettyäni tämän sekä sen, miten se mahdollistaa nykyisen valtatasapainon kääntämisen päälaelleen, näkemykseni maailmasta ja tulevaisuudesta muuttuivat.

Yksi sen välittömistä seurauksista on se, ettei sinun tarvitse pyytää keneltäkään lupaa liittyä Bitcoiniin. Ei ole rekisteröitymissivua, ei vastuussa olevaa yritystä, eikä valtionvirastoa, jolle lähettää hakemuslomakkeet. Luot vain riittävän suuren numeron ja siinäpä se oikeastaan onkin. Tilien luomisen keskusviranomaisena toimii ainoastaan matematiikka. Ja vain Luoja yksin tietää, kuka matematiikasta vastaa.

Bitcoin perustuu parhaaseen ymmärrykseemme todellisuudesta. Fysiikassa, tietojenkäsittelytieteessä ja matematiikassa on vielä monia ratkaisemattomia ongelmia, mutta niistä huolimatta olemme melko varmoja tietyistä asioista. Yksi tällainen asia on se, että ratkaisujen löytämisen ja niiden oikeaksi vahvistamisen välillä on epäsymmetria. Se, että laskenta vaatii energiaa, on toinen. Toisin sanoen: On vaikeampaa löytää neula heinäsuovasta kuin tarkistaa, onko teräväkärkinen esine kädessäsi todella neula vai ei. Ja neulan etsiminen vaatii työtä.

Bitcoinin osoiteavaruuden laajuus on todella käsittämätön. Yksityisten avainten lukumäärä on vielä käsittämättömämpi. On kiehtovaa, miten suuri osa nykymaailmastamme kutistuu siihen todennäköisyyteen, jolla neulaa ei löydetä mittaamattoman kokoisesta heinäsuovasta. Olen tästä tosiasiasta nyt tietoisempi kuin koskaan.

Bitcoin opetti minulle että numeroissa on voimaa.

---

[11] BitcoinTalkin käyttäjä *epii* oli ensimmäinen, joka ehdotti Bitcoinille *Vires in Numeris* -mottoa. [22]

16

✳✳✳

POHDINTOJA AIHEESTA
"ÄLÄ LUOTA – TODENNA"

Bitcoin pyrkii korvaamaan perinteiset valuutat tai ainakin tarjoamaan niille vaihtoehdon. Perinteinen valuutta on sidottu tiettyyn keskitettyyn viranomaiseen riippumatta siitä, puhutaanko laillisesta maksuvälineestä, kuten Yhdysvaltain dollarista, vai nykyajan Monopoli-rahasta, kuten Fortnite-pelin V-Buckseista. Molemmissa tapauksissa sinun on luotettava tietyn keskusviranomaisen liikkeelle laskemaan, hallitsemaan ja kierrättämään rahaan. Bitcoin katkaisee tämän siteen, ja juuri luottamuksen ongelma on tärkein niistä ongelmista, jotka Bitcoin ratkaisee.

> "Perinteisen valuutan perimmäinen ongelma on kaikki se luottamus, mitä se toimiakseen vaatii. – Tarvitaan sähköinen maksujärjestelmä, joka perustuu kryptografiseen todistukseen luottamuksen sijaan."
>
> – Satoshi Nakamoto[1]

---

[1]Satoshi Nakamoto, virallinen Bitcoin-tiedonanto [47] ja whitepaper. [45]

Bitcoin ratkaisee luottamuksen ongelman olemalla täysin hajautettu sekä toimimalla ilman keskuspalvelinta tai luotettuja osapuolia – tai edes luotettuja *kolmansia* osapuolia, piste. Kun keskusviranomaista ei ole, ei yksinkertaisesti *ole* ketään, johon luottaa. Täydellinen hajautus on se innovaatio, josta Bitcoinin sitkeys juontaa juurensa. Sen ansiosta Bitcoin on edelleen hengissä. Hajauttamisen takia meillä on louhijoita, solmuja, rautalompakoita[2], ja kyllä, myös itse lohkoketju. Sinun on "luotettava" ainoastaan siihen, että ymmärryksemme matematiikasta ja fysiikasta ei ole täysin pielessä, ja että enemmistö louhijoista toimii rehellisesti (mihin heitä myös kannustetaan).

Siinä missä tavallinen maailma toimii oletuksella *"luota, mutta todenna,"* Bitcoin toimii oletuksella *"älä luota – todenna."* Satoshi teki Bitcoin-whitepaperin johdannossa ja johtopäätöksissä luottamuksen poistamisen tärkeyden erittäin selväksi.

> "Johtopäätös: Olemme esittäneet sähköisiin siirtoihin luottamuksesta riippumatonta järjestelmää."
>
> – Satoshi Nakamoto[3]

Huomaa, että *luottamuksesta riippumaton* on tässä käytössä hyvin erityisessä merkityksessä. Tarkoitamme luotettuja kolmansia osapuolia, kuten niitä entiteettejä, joiden luotat tuottavan, säilyttävän ja käsittelevän rahaasi. Voidaan olettaa, että voit luottaa esimerkiksi tietokoneeseesi.

Ken Thompson esitteli Turing-palkintoluennollaan, että luottamus on laskennallisessa maailmassa erittäin mutkikas asia. Ohjelmaa ajaessasi sinun on luotettava kaikenlaisiin ohjelmistoihin (ja laitteistoihin), jotka teoriassa voisivat haitallisesti muuttaa ajamaasi ohjelmaa. Thompson tiivistää ajatuksensa luottamukseen luottamisesta seuraavasti: "Tarinan opetus on ilmeinen. Et voi luottaa koodiin, jota et ole täysin itse luonut." [68]

Thompson osoitti, että vaikka sinulla olisi pääsy ohjelmiston lähdekoodiin, ohjelmointikielen kääntäjä – tai mikä tahansa muu ohjelman käsittelyohjelma tai -laitteisto – voi kuitenkin olla vaarantunut, ja että tällaisten takaovien havaitseminen on hyvin vaikeaa. Näin ollen ei käytännössä ole olemassa aidosti *luottamuksetonta*

---

[2] Engl. *hardware wallet.*
[3] Satoshi Nakamoto, Bitcoin-whitepaper. [45]

järjestelmää. Sinun pitäisi luoda kaikki ohjelmistosi *ja* kaikki laitteistosi (assembler-kääntäjät, ohjelmointikielen kääntäjät, linkkerit jne.) alusta alkaen itse tukeutumatta yhteenkään ulkoiseen ohjelmistoon tai ohjelmistoavusteiseen koneeseen.

> "Jos haluaisit leipoa omenapiirakan tyhjästä, aivan ensiksi sinun täytyisi keksiä maailmankaikkeus."
>
> – Carl Sagan[4]

Thompsonin itsensä mukaan nimetty *Thompsonin takaovi* on erityisen nerokas ja vaikeasti havaittava takaovi, joten tarkastellaanpa hieman, millaisia ovat vaikeasti havaittavat takaovet, jotka toimivat ohjelmistoja muuttamatta. Tutkijat löysivät keinon vaarantaa turvallisuuden kannalta kriittisiä laitteistoja muuttamalla piin epäpuhtauksien polariteettia eli napaisuutta [7]. Muuttamalla ainoastaan mikropiirien materiaalina käytettävän aineen fysikaalisia ominaisuuksia tutkijat pystyivät vaarantamaan kryptografisesti turvallisena pidetyn satunnaislukugeneraattorin. Tällaista muutosta ei voi nähdä, joten näitä takaovia ei pystytä havaitsemaan optisessa tarkastuksessa, menetelmällä, joka on ollut yksi tärkeimmistä tavoista havaita erinäiset yritykset peukaloida tällaisia siruja.

Kuulostaako pelottavalta? No, vaikka kykenisitkin rakentamaan kaiken tyhjästä, sinun pitäisi silti luottaa kaiken perustana olevaan matematiikkaan. Sinun pitäisi luottaa siihen, että *secp256k1* on elliptinen käyrä ilman takaovia. Kyllä, haitallisia takaovia voidaan lisätä kryptografisten funktioiden matemaattisiin perustuksiin, ja näin on luultavasti tapahtunut jo ainakin kerran [76]. Vainoharhaisuuteen on syynsä, ja se, että kaikessa laitteistoista aina ohjelmistoihin ja elliptisiin käyriin asti voi olla takaovia, on varsin hyvä sellainen [78].

> "Älä luota – todenna"
>
> – Bitcoinaajat kaikkialla

---

[4]Carl Sagan, *Cosmos*. [60]

Yllä olevat esimerkit varmastikin havainnollistavat, että *luottamukseton* tietojenkäsittely on utopiaa. Bitcoin on todennäköisesti lähimmäksi tätä utopiaa pääsevä järjestelmä, mutta silti siinäkin on vain *minimoitu luottamus* ja pyrkimyksenä poistaa luottamus aina sieltä, missä se suinkin on mahdollista. Luottamuksen ketju on luultavasti loputon, sillä joudut luottamaan myös siihen, että laskenta vie energiaa, P ei ole yhtä suuri kuin NP ja että oikeasti elät perustodellisuudessa etkä ole vankina pahantahtoisten toimijoiden luomassa simulaatiossa.

Ohjelmistokehittäjät luovat parhaillaan työkaluja ja menettelytapoja jäljellä olevan luottamuksen vähentämiseksi entisestään. Bitcoin-devaajat[5] ovat kehittäneet esimerkiksi Gitian-menetelmän[6], jonka avulla ohjelmistojen deterministisiä koontiversioita[7] voidaan luoda ja jakaa. Ajatuksena on, että jos useampi kehittäjä kykenee tuottamaan identtisen binääritiedoston, haitallisen peukaloinnin mahdollisuus pienenee. Hienot takaportit eivät ole ainoita hyökkäysvektoreita: myös erilaiset kiristyksen muodot ovat todellisia uhkia. Bitcoinin pääprotokollan tavoin tässäkin hajauttamista käytetään luottamuksen minimointiin.

Thompson-hakkeroinnin esiin tuomaa käynnistysvaiheen muna vai kana -ongelmaa yritetään ratkaista monilla tavoilla [67]. Eräs tällaisista pyrkimyksistä on Guix[8] (lausutaan kuten englannin kielen sana *geeks*, "nörtit"), joka käyttää toiminnallisesti ilmaistua pakettienhallintaa mahdollistaen bitti bitiltä toistettavien ohjelmistokoontien rakentamisen. Tästä seuraa se, ettei sinun enää tarvitse luottaa ohjelmistoja tarjoaviin palvelimiin, sillä voit varmistaa tarjotun binääritiedoston peukaloimattomuuden rakentamalla saman binäärin alusta alkaen itse. Hiljattain tehtiin pyyntö sulauttaa Guix osaksi Bitcoinin rakennusprosessia.[9]

Onneksi Bitcoin ei nojaa yhteen yksittäiseen algoritmiin tai laitteiston osaan. Bitcoinin radikaali hajauttaminen tuo mukanaan myös hajautetun tietoturvan mallin. Yllä kuvattuja takaovia ei tule ottaa kevyesti, mutta on epätodennäköistä, että kaik-

---

[5] Engl. *developers*.
[6] https://gitian.org/
[7] Engl. *deterministic build*.
[8] https://guix.gnu.org
[9] PR 15277, https://github.com/bitcoin/bitcoin/pull/15277.

ki ohjelmistolompakot, rautalompakot, kryptografiset kirjastot, solmutoteutukset ja kaikkien ohjelmointikielten kaikki kääntäjät olisivat vaarantuneet. Tämä on toki mahdollista, mutta erittäin epätodennäköistä.

On hyvä huomata, että yksityinen avain on mahdollista luoda turvautumatta yhteenkään laskentalaitteistoon tai -ohjelmistoon. Se onnistuu heittämällä kolikkoa [3] muutaman kerran, joskin käytetystä kolikosta ja heittotyylistä riippuen tämä tapa luoda satunnaisuutta ei välttämättä ole riittävän satunnainen. Sille on ihan syynsä, miksi Glacierin[10] kaltaiset säilytysprotokollat käyttävät kasinolaatuisia noppia yhtenä kahdesta tavasta luoda entropiaa.

Bitcoin pakotti minut pohtimaan sitä, mitä se, ettei luota kehenkään, todella pitää sisällään. Tietoisuuteni erilaisista käynnistysvaiheen ongelmista sekä epäsuorasta luottamusketjusta ohjelmistojen kehittämisessä ja ajamisessa kasvoi. Tulin tietoisemmaksi myös niistä monista eri tavoista, joilla ohjelmistot ja laitteistot saattavat vaarantua.

Bitcoin opetti minulle, ettei tule luottaa, vaan todentaa.

---

[10]https://glacierprotocol.org/

"*Annahan olla: neljä kertaa viisi on kaksitoista ja neljä kertaa kuusi on kolmekymmentä ja neljä kertaa seitsemän on – on – voi, voi, – nyt en enää muistakaan.*"

– Lewis Carroll

17

✦✦✦

AIKAA JA VAIVAA

Usein kuuluu sanottavan, että tuhannet tietokoneet louhivat uusia bitcoineja ratkomalla *hyvin monimutkaisia* matemaattisia ongelmia. Tarkoituksena on löytää ratkaisu tiettyyn ongelmaan, ja oikea ratkaisu "tuottaa" uusia bitcoineja. Tällainen yksinkertaistettu näkemys bitcoin-louhinnasta on helppo välittää eteenpäin, mutta siinä jää moni tärkeä seikka huomiotta. Bitcoineja ei tuoteta tai luoda, eikä koko ruljanssin tavoitteena todellakaan ole erityisten matemaattisten ongelmien ratkaiseminen. Bitcoin-matematiikka ei edes ole erityisen monimutkaista. Se, mikä on monimutkaista, on *ajan ilmaiseminen* hajautetussa järjestelmässä.

Työntodistejärjestelmä eli louhinta[1] on keino toteuttaa hajautettu aikaleimapalvelin, kuten Bitcoinin whitepaperissa hahmotellaan.

Kun opin, miten Bitcoin toimii, ajattelin kuten moni muukin aluksi, että työntodiste on tehotonta tuhlausta. Näkemykseni Bitcoinin energiankulutuksesta on sittemmin vähitellen muuttunut [25]. Vielä tänäkin päivänä, vuonna 10 jälkeen Bitcoinin, näyttää työntodiste edelleen olevan laajalti väärinymmärretty.

Koska työntodisteella ratkaistaan keksittyjä ongelmia, monet tuntuvat uskovan, että se on *hyödytöntä* hommaa. Jos keskitytään

---

[1] Engl. *proof-of-work, mining*.

puhtaasti laskentaan, tämä on täysin ymmärrettävä johtopäätös. Bitcoinissa ei kuitenkaan ole kyse laskennasta. Kyse on siitä, että *asioiden ajallisesta järjestyksestä sovitaan riippumattomasti.*

Työntodiste on järjestelmä, jossa kaikki voivat tarkistaa tapahtumien ja niiden järjestyksen oikeellisuuden riippumattomasti. Tämä johtaa yksimielisyyteen eli konsensukseen, joka on useiden osapuolten välinen keskinäinen sopimus siitä, kuka omistaa mitä.

Täysin hajautetussa ympäristössä absoluuttinen aika on luksusta, johon ei ole varaa. Mikä tahansa kello näet toisi järjestelmään mukanaan luotetun kolmannen osapuolen, tietyn keskuspisteen, johon olisi luotettava ja jota vastaan voitaisiin hyökätä. "Ajoittaminen on ongelmista perimmäisin", kuten Grisha Trubetskoy on huomauttanut [70]. Satoshin nerokas ratkaisu tähän ongelmaan oli toteuttaa hajautettu kello työntodisteeseen perustuvan lohkoketjun avulla. Kaikki ovat etukäteen yhtä mieltä siitä, että ketju, johon on kerääntynyt eniten kumulatiivista työtä, on totuuden lähde. Määritelmänsä mukaisesti se on todiste siitä, mitä todella on tapahtunut. Tämä sopimus tunnetaan nykyisin nimellä Nakamoton konsensus.

> "Verkko aikaleimaa tapahtumat tiivistelaskemalla ne osaksi jatkuvaa – – ketjua [joka toimii] todisteena tapahtumien järjestyksestä."

> – Satoshi Nakamoto[2]

Ilman johdonmukaista tapaa ilmaista aikaa ei ole johdonmukaista tapaa ilmaista, mitä tapahtui aiemmin ja mitä myöhemmin. Tapahtuminen järjestäminen luotettavasti oikeaan järjestykseen on mahdotonta. Kuten edellä mainittiin, Nakamoton konsensus on Bitcoinin tapa ilmaista aikaa johdonmukaisesti. Keskenään kilpailevien osallistujien ahneutta ja oman edun tavoittelua hyödyntäen järjestelmän kannustinrakenne tuottaa todennäköisyyksiin perustuvan, hajautetun kellon. Sillä, että kello on epätarkka, ei ole merkitystä, koska tapahtumien järjestys on lopulta yksiselitteinen ja sen voi todentaa kuka tahansa.

---

[2] Satoshi Nakamoto,*Bitcoin-whitepaper*. [45]

Työntodisteen ansiosta sekä työ *että* työn vahvistaminen on perin pohjin hajautettua. Jokainen saa liittyä tai lähteä miten haluaa, ja kaiken oikeellisuus on kaikkien tarkistettavissa koko ajan. Tämän lisäksi jokainen voi varmentaa *erikseen* vielä järjestelmän tilankin ilman, että tarvitsee luottaa varmennuksessa keneenkään muuhun.

Työntodisteen ymmärtäminen vie aikaa. Se on monessa kohtaa arkijärjen vastainen, ja vaikka sen säännöt ovat yksinkertaiset, niistä seuraa melko monimutkaisia ilmiöitä. Minua auttoi se, kun muutin näkemystäni louhinnasta. Hyödyllistä, ei hyödytöntä. Varmentamista, ei laskemista. Aikaa, ei lohkoja.

Bitcoin opetti minulle, että ajan ilmaiseminen on mutkikasta, erityisesti hajautetussa järjestelmässä.

"Kautta korvieni ja poskipartani, olen kuin olenkin myöhästynyt!"

– Lewis Carroll

Niin hän istui silmät ummessa ja uskoi puoleksi itsekin joutuneensa ihmemaahan, vaikka kyllä hyvin tiesi, että hänen vain tarvitsi avata silmänsä palatakseen jälleen kuivaan todellisuuteen.

– Lewis Carroll

18

✦✦✦

ETENE HITAASTI ÄLÄKÄ RIKO MITÄÄN

"Liiku nopeasti ja riko asioita" -ajattelumalli saattaa olla kuollut, mutta valtaosa teknologiamaailmasta toimii edelleen sen mukaan. Ajatus siitä, että sillä ei ole väliä, menevätkö asiat kerralla oikein, on *epäonnistu varhain, epäonnistu usein* -mentaliteetin peruspilari. Kasvu on menestyksen mitta, joten kunhan kasvat, kaikki on hyvin. Jos jokin ei toimi ensimmäisellä kerralla, sinun täytyy vain vaihtaa lähestymistapaa ja yrittää uudelleen. Toisin sanoen: heittelemällä tarpeeksi paskaa seinille näet, mikä tarttuu.

Bitcoin on hyvin erilainen. Sen erilaisuus on suunniteltua ja välttämätöntä. Sähköistä valuuttaa on kokeiltu useasti aiemminkin, kuten Satoshi huomauttaa, mutta kaikki aiemmat yritykset ovat epäonnistuneet, koska niillä kaikilla oli pää, jonka saattoi katkaista. Bitcoinin uutuudenviehätys perustuukin juuri siihen, että se on päätön peto.

> "Monet ihmiset hylkäävät suoriltaan sähköisen valuutan menetettynä tapauksena, koska kaikki yritykset aina 1990-luvulta alkaen ovat siinä epäonnistuneet. Toivon sen olevan ilmeistä, että ne oli tuomittu epäonnistumaan ainoastaan niiden järjestelmien keskitetysti hallitun luonteen vuoksi."

– Satoshi Nakamoto[1]

Bitcoinilla on luontaista vastustuskykyä muutoksia vastaan johtuen sen perinpohjaisen mullistavasta hajauttamisesta. "Liiku nopeasti ja riko asioita" ei päde eikä tule koskaan pätemään Bitcoinin peruskerroksessa. Vaikka se olisikin toivottu toimintamalli, sen käyttöönottoon vaadittaisiin se, että *kaikki* osapuolet saadaan vakuutettua muuttamaan toimintatapansa. Tätä on hajautettu konsensus, jaettu yksimielisyys. Se kuuluu Bitcoinin luonteeseen.

"Bitcoin on luonteeltaan sellainen, että kun versio 0.1 siitä oli kerran julkaistu, sen arkkitehtuuri oli keskeisiltä osin kiveen hakattu sen loppuelämäksi."

– Satoshi Nakamoto[2]

Tämä on yksi Bitcoinin monista paradoksaalisista ominaisuuksista. Olemme oppineet siihen, että oli ohjelmisto mikä tahansa, sitä voi muuttaa helposti. Mutta tätä petoa onkin kirotun vaikeaa muuttaa.

Kuten Hasu [28] kauniisti Bitcoinin yhteiskuntasopimusta avatessaan osoittaa, Bitcoinin sääntöjen muuttaminen on mahdollista vain *ehdottamalla* muutosta ja sen jälkeen *vakuuttamalla* kaikki Bitcoinin käyttäjät hyväksymään ehdotettu muutos. Tämä tekee Bitcoinista erittäin muutoksenkestävän ohjelmistoksi.

Tällainen sitkeys on Bitcoinin tärkeimpiä ominaisuuksia. Kriittisten ohjelmistojärjestelmien on oltava antihauraita[3], ja Bitcoinissa tämä taataan sen sosiaalisen ja teknisen kerroksen välisellä yhteispelillä. Rahajärjestelmiin liittyy aina keskinäistä kilpailua, ja kuten tuhansien vuosien ajan on tiedetty, vankka perusta on välttämätön haastavissa olosuhteissa.

---

[1] Satoshi Nakamoto vastauksessaan Sepp Hasslbergerille. [48]
[2] Satoshi Nakamoto vastauksessaan Gavin Andresenille. [48]
[3] Suom. huom. – Antihauras asia muuttuu vahvemmaksi hyökkäyksen tai paineen alla.

"Jokainen, joka kuulee nämä sanani ja tekee niiden mukaan, on kuin järkevä mies, joka rakensi talonsa kalliolle. Alkoi sataa, tulvavesi virtasi ja myrskytuuli pieksi taloa, mutta se ei sortunut, sillä se oli rakennettu kallioperustalle. "Jokainen, joka kuulee nämä sanani mutta ei tee niiden mukaan, on kuin tyhmä mies, joka rakensi talonsa hiekalle. Alkoi sataa, tulvavesi virtasi ja myrskytuuli pieksi taloa, ja se sortui, maan tasalle saakka."

– Matteus 7:24–27 (Kaksi rakentajaa)[4]

Bitcoin ei tietenkään ole tämän vertauskuvallisen kertomuksen viisaiden tai tyhmien rakentajien talo, vaan se kallio, jolle talo rakennetaan. Yhtä muuttamattomana ja järkähtämättömänä se tarjoaa vankan perustan uudelle rahoitusjärjestelmälle.

Aivan kuten geologit tietävät kalliomuodostumien olevan aina liikkeessä ja kehittyvän, voi Bitcoininkin nähdä olevan aina liikkeessä ja kehittyvän. Sinun vain täytyy tietää, mistä ja miten katsoa.

Kunhan riittävän moni käyttäjä on vakuuttunut ehdotetun muutoksen olevan verkon parhaaksi, Bitcoinin sääntöjä voidaan muuttaa. Todisteena tästä toimivat käyttöön otetut parannusehdotukset, jotka tunnetaan lyhenteillä P2SH[5] ja SegWit[6]. Jälkimmäisen päivityksen myötä tuli mahdolliseksi alkaa kehittää Salamaverkkoa[7], yhtä Bitcoinin vankalle pohjalle rakennettavista taloista. Tulevat päivitykset, kuten Schnorr-allekirjoitukset [56], parantavat tehokkuutta ja yksityisyyttä, samoin kuin skriptit (lue: älykkäät sopimukset), joita ei voi pysty erottamaan tavanomaisista siirtotapahtumista Taprootin [27] ansiosta. Viisaat rakentajat todellakin rakentavat vankalle perustalle.

---

[4]https://raamattu.fi/raamattu/KR92/MAT.7/Matteus-7

[5]Pay to script hash (P2SH) -siirrot standardisoitiin BIP 16:ssa. Ne sallivat siirron lähetyksen komentosarjatiivisteeseen (osoite, joka alkaa numerolla 3) julkisen avaimen tiivisteen sijaan (osoite, joka alkaa numerolla 1). [13]

[6]Segregated Witness (SegWit) on käyttöönotettu protokollapäivitys, jonka tarkoituksena on tehdä siirtojen tunnisteista vahvoja ja kasvattaa lohkokapasiteettia. SegWit erottaa *todistajan* syötteiden listasta. [14]

[7]https://lightning.network/.

Satoshi ei ollut viisas rakentaja ainoastaan teknologisesti. Hän ymmärsi, että oli välttämätöntä tehdä myös ideologisesti viisaita päätöksiä.

"Avoimen lähdekoodin ansiosta kuka tahansa voi itsenäisesti arvioida koodia. Jos se olisi suljettua lähdekoodia, kukaan ei voisi varmistaa sen turvallisuutta. Mielestäni on välttämätöntä, että tämänkaltainen ohjelma on avointa lähdekoodia."

– Satoshi Nakamoto[8]

Avoimuus on ensiarvoisen tärkeää turvallisuuden kannalta ja ominaista avoimelle lähdekoodille sekä vapaiden ohjelmistojen liikkeelle. Turvallisten protokollien ja niitä toteuttavien koodien pitää Satoshin mukaan olla avoimia: turvallisuutta ei luoda salailemalla. Toinen hyöty liittyy jälleen kerran hajauttamiseen: kun koodia voi ajaa, tutkia, muokata, kopioida ja jakaa vapaasti, sen leviäminen laajalle on taattu.

Bitcoinin äärimmäisen hajautetusta luonteesta johtuen, sen liikkeet ovat hitaita ja harkittuja. Verkolla, jonka jokaisesta solmusta vastaa riippumaton yksilö, on luontaista vastustuskykyä kaikenlaisia muutoksia vastaan, olivatpa ne sitten haitallisia tai eivät. Päivityksiä ei voi mitenkään pakottaa käyttäjille, vaan ne voidaan toteuttaa ainoastaan hitaasti, vakuuttamalla joka ikinen yksittäinen käyttäjä hyväksymään muutos. Tämä keskittämätön tapa panna alulle ja toteuttaa muutoksia tekee verkosta uskomattoman vastustuskykyisen haitallisia muutoksia vastaan. Koska myös rikottujen asioiden korjaaminen on hankalampaa kuin keskitetyssä ympäristössä, kaikki pyrkivät olemaan rikkomatta mitään alun alkaenkaan.

Bitcoin opetti minulle, että hitaasti liikkuminen ei ole vika vaan ominaisuus.

---

[8]Satoshi Nakamoton vastaus nimimerkille *SmokeTooMuch*. [49]

19

***

Yksityisyys elää ja voi hyvin

Jos asiantuntijoita on uskominen, yksityisyys kuoli jo 1980-luvulla.[1] Salanimen suojissa keksitty Bitcoin ja muutamat muut lähihistorian tapahtumat kuitenkin osoittavat, että näin ei ole. Yksityisyys on edelleen hengissä, vaikkei valvontavaltiota olekaan kovin helppo paeta.

Satoshi Nakamoto näki valtavasti vaivaa piilottaakseen jälkensä ja henkilöllisyytensä. Emme vielä kymmenenkään vuoden jälkeen tiedä, oliko Satoshi Nakamoto yksi ihminen, ryhmä ihmisiä, mies, nainen vai ehkä tulevaisuudesta tullut tekoäly, joka käynnisti itse itsensä valloittaakseen maailman. Salaliittoteoriat sikseen, Satoshi ilmoitti olevansa japanilainen mies, joten sellaisena häntä pidettäköön.

Olipa Satoshin todellinen henkilöllisyys mikä tahansa, hän piilotti sen onnistuneesti. Hän toimii rohkaisevana esimerkkinä kaikille, jotka haluavat pysyä nimettöminä: yksityisyys verkossa on mahdollista.

---

[1] https://bit.ly/privacy-is-dead

"Salaus toimii. Oikein toteutettuna vahvat salaus-
järjestelmät ovat niitä harvoja asioita, joihin voit luot-
taa."

– Edward Snowden[2]

Satoshi ei ollut ensimmäinen salanimeä käyttänyt tai nimet-
tömänä pysytellyt keksijä, eikä hän jää myöskään viimeiseksi.
Jotkut ovat jäljitelleet salanimen taakse piiloutumista, kuten
MimbleWimblestä [69] tunnettu Tom Elvis Yesudor, kun taas
toiset ovat julkaisseet edistyksellisiä matemaattisia todistuksia
pysytellen täysin nimettöminä [53].

Elämme uudessa, kummallisessa maailmassa. Täällä henki-
löllisyys on valinnaista, panostukset arvioidaan niiden ansioiden
perusteella ja ihmiset voivat vapaasti tehdä yhteistyötä ja käydä
kauppaa. Näihin uusiin paradigmoihin sopeutuminen vaatii hie-
man totuttelua, mutta uskon vakaasti, että kaiken tämän avulla
maailman on mahdollista muuttua paremmaksi paikaksi elää ja
olla.

Meidän kaikkien pitäisi muistaa, että yksityisyys on ihmisen
perusoikeus. Niin kauan kuin ihmiset käyttävät ja puolustavat
oikeuksiaan, taistelu yksityisyyden puolesta ei ole lähellekään ohi.

"12. artikla. Älköön mielivaltaisesti puututtako
kenenkään yksityiselämään, perheeseen, kotiin tai
kirjeenvaihtoon älköönkä loukattako kenenkään kun-
niaa ja mainetta. Jokaisella on oikeus lain suojaan
sellaista puuttumista tai loukkausta vastaan."

– YK:n ihmisoikeuksien yleismaailmallinen julistus[3]

Bitcoin opetti minulle, että yksityisyys elää ja voi hyvin.

---

[2]Edward Snowden vastauksessaan lukijan kysymykseen. [63]
[3]YK:n ihmisoikeuksien yleismaailmallinen julistus, 12. artikla. [102]

20

✳✳✳

KRYPTOPUNKKARIT KIRJOITTAVAT KOODIA

Hyvät ideat eivät yleensä synny tyhjästä, eikä syntynyt Bitcoinkaan. Siitä tuli mahdollista monia matematiikan, fysiikan, tietojenkäsittelytieteen ja muiden alojen innovaatioita ja keksintöjä hyödyntämällä ja yhdistelemällä. Satoshi oli epäilemättä nero, muttei hänkään olisi voinut keksiä Bitcoinia ilman niitä jättiläisiä, joiden harteilla seisoi.

> "Hän, joka vain toivoo ja tahtoo, ei aktiivisesti puutu tapahtumien kulkuun tai oman kohtalonsa muovaamiseen."
>
> – Ludwig von Mises[1]

Eräs näistä jättiläisistä on Eric Hughes, yksi kryptopunkliikkeen perustajista, jonka käsialaa on liikkeen tunnetuimpiin kirjoituksiin kuuluva *Kryptopunkkarin manifesti*. On vaikea kuvitella, että Hughesin manifesti ei olisi vaikuttanut Satoshiin. Manifestissa käsitellään monia Bitcoinin mahdollistamia ja

---

[1] Ludwig von Mises, *Human Action*. [72]

hyödyntämiä asioita, kuten suoria yksityisiä siirtotapahtumia, sähköistä rahaa ja käteistä, nimettömiä järjestelmiä sekä yksityisyyden puolustamista salaustekniikan ja digitaalisten allekirjoitusten avulla.

"Sähköisen aikakauden avoimessa yhteiskunnassa yksityisyydensuoja on välttämättömyys. – – Koska yksityisyys on hartain toiveemme, meidän on pystyttävä varmistumaan siitä, ettei yksikään tietyn tapahtuman osapuolista saa tietoa muusta kuin siitä, mikä kyseisen tapahtuman kannalta on aivan välttämätöntä. – – Tämän vuoksi yksityisyydensuoja avoimessa yhteiskunnassa edellyttää anonyymeja siirtojärjestelmiä. Tähän asti käteinen on ollut tärkein tällainen järjestelmä. Nimetön siirtojärjestelmä ei tarkoita salaista tapahtumajärjestelmää. – – Me kryptopunkkarit olemme omistautuneita nimettömien järjestelmien rakentamiselle. Me puolustamme yksityisyyttämme salaustekniikalla, nimettömillä [sähkö]postin välitysjärjestelmillä, digitaalisilla allekirjoituksilla ja sähköisellä rahalla. Kryptopunkkarit tekevät sen koodilla."

– Eric Hughes[2]

Pelkät toiveet eivät kryptopunkkareita paljon lämmitä. He puuttuvat aktiivisesti tapahtumien kulkuun ja muovaavat omaa kohtaloaan. Kryptopunkkarit tekevät sen koodilla.

Niinpä Satoshi ryhtyi koodaamaan kuin kryptopunkkari konsanaan. Hänen koodinsa osoitti maailmalle, että abstraktikin idea voi olla toimiva. Se oli koodia, johon oli istutettu uuden taloudellisen todellisuuden siemen. Tuon koodin ansiosta jokainen voi itse halutessaan varmistaa, että tämä uutukainen järjestelmä todella toimii, ja Bitcoin itse osoittaa maailmalle noin kymmenen minuutin välein olevansa yhä elossa.

Varmistuakseen siitä, että hänen innovaationsa muuttuui fantasiasta todeksi, Satoshi toteutti itse ideansa kirjoittamalla ensin Bitcoinin koodin ja vasta sitten kuuluisan whitepaperinsa. Hän

---

[2] Eric Hughes, *Kryptopunkkarin manifesti*. [33]

myös piti huolen siitä, ettei vitkutellut liikaa[3] yhdenkään version julkaisun kanssa. Niinhän se kuitenkin on, että aina "täytyy hoitaa vielä yksi juttu".

> "Minun täytyi kirjoittaa koko koodipohja ennen kuin sain itseni vakuutetuksi siitä, että pystyn löytämään ratkaisun jokaiseen ongelmaan – vasta sitten pystyin kirjoittamaan siitä artikkelin."
>
> – Satoshi Nakamoto[4]

Nykypäivän loputtomien lupausten ja epäilyttävien toteutusten maailmaan todella kaivattiinkin esimerkkiä omistautuneesta rakentamisesta. Toimi tarkkaan ja harkiten, vakuuta itsesi siitä, että pystyt ratkaisemaan ongelmat, ja toteuta ratkaisut. Meidän kaikkien tulisi pyrkiä olemaan hitusen kryptopunkimpia.

Bitcoin opetti minulle, että kryptopunkkarit kirjoittavat koodia.

---

[3]""Ei kannata viivytellä ikuisesti odottaen, että jokainen mahdollinen ominaisuus tulisi valmiiksi."" – Satoshi Nakamoto. [51]

[4]Satoshi Nakamoto, Re: Bitcoin P2P e-cash paper. [44]

"Kuka sinä olet?" Kaalimato sanoi.
– Lewis Carroll

21

***

VERTAUSKUVIA BITCOININ
TULEVAISUUDELLE

Parin viime vuosikymmenen aikana on käynyt ilmi, että teknologia ei uudistu lineaarisesti. Uskoipa teknologiseen singulariteettiin tai ei, on kiistatonta, että etenemme eksponentiaalisesti monilla aloilla. Uusia teknologioita myös omaksutaan kiihtyvään tahtiin, ja ennen kuin huomaatkaan, koulujen pihoilla lapset eivät enää leiki pusikoissa vaan selaavat Snapchatiä. Eksponentiaalisilla käyrillä on tapana kiihdyttää ohitsesi jo ennen kuin edes huomaat niiden lähestyvän.

Bitcoin on eksponentiaalisen teknologian varaan rakennettua eksponentiaalista teknologiaa *Our World in Data* -sivustolta[1] löytyy kauniita tilastollisia kuvaajia teknologioiden käyttöönoton kehityksestä alkaen siitä hetkestä, kun vuonna 1903 lankapuhelimet tulivat saataville. Olipa kyseessä sitten lankapuhelin, sähkö, tietokone, internet tai älypuhelin, niiden omaksuminen ja hinnan madaltuminen suorituskyvyn kehittymiseen nähden on ollut eksponentiaalista. Sama pätee Bitcoiniin [19].

Bitcoinilla on useita verkostovaikutuksia[2], jotka johtavat eksponentiaaliseen kasvuun niin hinnassa, käyttäjien ja kehittäjien

---

[1] https://ourworldindata.org/
[2] Trace Mayer, *Bitcoinin seitsemän verkostovaikutusta* [39].

määrässä, turvallisuudessa, markkinaosuudessa kuin globaaliksi rahaksi omaksumisessa.

Varhaislapsuudesta selvittyään Bitcoin on jatkanut kasvuaan joka päivä useammalla kuin yhdellä alueella. Teknologia ei ole saavuttanut täyttä kypsyyttään, vaan se elää vielä murrosikäänsä. Jos teknologia kuitenkin on eksponentiaalista, tie tuntemattomuudesta kaikkien tietoisuuteen on lyhyt.

Jeff Bezos käytti vuoden 2003 TED Talk -esityksessään[3] sähköä netin tulevaisuuden vertauskuvana. Kaikki kolme ilmiötä – sähkö, internet ja Bitcoin – ovat *mahdollistavia* teknologioita, verkkoja, jotka tekevät muista asioista mahdollisia. Ne ovat luonteeltaan perustavanlaatuisia infrastruktuureja, joiden varaan muu voidaan rakentaa.

Sähkö on ehtinyt olla osa ihmisten arkea jo jonkin aikaa. Pidämme sitä itsestäänselvyytenä. Internet on on melko paljon nuorempi keksintö, mutta useimmille sekin on jo itsestäänselvyys. Bitcoin on kymmenen vuoden ikäinen ja tuli julkiseen tietoisuuteen viimeisimmän hypejakson aikana. Vain varhaisimmat omaksujat pitävät sitä itsestäänselvyytenä. Ajan kuluessa tulee yhä useammalle Bitcoininkin olemassaolo olemaan itsestäänselvyys.[4]

Vuonna 1994 internet oli edelleen hämmentävä ja sekava. Vanhan *Today Show* -jakson[5] katsomalla tulee selväksi, että se, mikä tuntuu tänään luonnolliselta ja intuitiiviselta, ei todella ollut sitä tuolloin. Bitcoin on edelleen hämmentävä ja vieras useimmille, mutta aivan kuten internet on nyt diginatiivien toinen luonto, tulee satoshien[6] "pinoaminen"[7], säilyttäminen ja kuluttaminen olemaan tulevaisuuden bitcoin-natiiveille täysin luonnollista.

---

[3] http://bit.ly/bezos-web

[4] Tämä tunnetaan *Lindy-vaikutuksena*. Se on teoria, jonka mukaan pilaantumattomien asioiden, kuten ideoiden tai teknologioiden, elinajanodote on suoraan verrannollinen niiden senhetkiseen ikään siten, että jokainen sen hengissä selviämä ajanjakso implikoi pidempää elinkaarta. [86]

[5] https://youtu.be/U1Jku_CSyNg

[6] Suom. huom. – *Satoshi* on bitcoinin sadasmiljoonasosan nimitys.

[7] https://twitter.com/hashtag/stackingsats

"Tulevaisuus on jo täällä, se on vain jakautunut epätasaisesti."

– William Gibson[8]

Vuonna 1995 Yhdysvalloissa noin 15 prosenttia aikuisista käytti internetiä. Pew Research Center -tutkimuslaitoksen historiallisista aineistoista [36] käy ilmi, miten internet on kutoutunut osaksi koko elämäämme. Kaspersky Labin vuonna 2018 tekemän kuluttajakyselyn mukaan 13 prosenttia kyselyyn vastanneista oli käyttänyt Bitcoinia tai sen klooneja maksamiseen. Maksaminen ei ole bitcoinin ainoa käyttötapaus, mutta sillä maksaneiden määrä antaa joitakin viitteitä siitä, missä vaiheessa elämme Internet-aikajanalla: 1990-luvun alkupuolella tai puolivälissä.

Vuonna 1997 Jeff Bezos totesi kirjeessään Amazonin osakkeenomistajille [9], että "tänään on Internetin elämän ensimmäinen päivä". Näin sanoessaan Bezos tunnusti sekä internetin lukemattomat hyödyntämättömät mahdollisuudet että niiden kautta internetin valtaisan merkityksen omalle yritykselleen. Olipa tänään mikä tahansa päivä Bitcoinin elämässä, kaikille paitsi satunnaisimmille tarkkailijoille on päivänselvää, että sen hyödyntämättömän potentiaalin määrä on valtaisa.

Vuonna 2009 genesis- eli alkulohkon[9] louhittuaan ja ohjelmistonsa luontoon vapautettuaan Satoshi kytki ensimmäisen solmun Bitcoin-verkkoon. Hänen solmunsa ei tarvinnut olla yksin pitkään. Hal Finney oli yksi ensimmäisistä, joka ymmärsi Satoshin idean ja liittyi verkkoon. Nyt kymmenen vuotta myöhemmin tätä kirjoittaessani Bitcoin-verkkoa pyörittää yli 75 000 solmua.

Bitcoin-protokollan peruskerros ei ole ainoa eksponentiaalisesti kasvava asia. Salamaverkko (engl. *lightning network*), eräs toisen kerroksen teknologia, kasvaa jopa sitäkin nopeammin.

---

[8] William Gibson, *The Science in Science Fiction* [24].

[9] Genesis-lohko on Bitcoin-lohkoketjun ensimmäinen lohko. Nykyisissä Bitcoinin ohjelmaversioissa se on nollas lohko, mutta ensimmäisissä versioissa se laskettiin ensimmäiseksi lohkoksi. Alkulohko yleensä sisältyy ohjelmiin, jotka käyttävät Bitcoin-lohkoketjua. Se on siitä erikoislaatuinen lohko, ettei se viittaa mihinkään edelliseen lohkoon, eikä sen tuottamaa lohkopalkkiota voi käyttää. Sen *coinbase*-parametri sisältää normaalien tietojen lisäksi myös seuraavan tekstinpätkän: *The Times 03/Jan/2009 Chancellor on brink of second bailout for banks*, eli suomeksi "The Times 3.1.2009 Kansleri myöntänee/myöntämässä pankeille toisen pelastuspaketin". [12]

Salamaverkossa oli tammikuussa 2018 jo 40 solmua ja 60 kanavaa. Huhtikuuhun 2019 mennessä verkko on kasvanut yli 4000 solmuun ja noin 40 000 kanavaan [101]. Muista, että tämä on edelleen kokeellista teknologiaa, jossa varojen menettämisen riski on olemassa ja näin on myös käynyt. Suunta on kuitenkin selvä: tuhannet holtittomat ihmiset ovat innokkaita käyttämään sitä.

Minulle, joka olen todistanut internetin hurjan nousun, yhtäläisyydet internetin ja Bitcoinin välillä ovat ilmiselviä. Molemmat ovat verkkoja, molemmat ovat eksponentiaalista teknologiaa ja molemmat luovat uusia mahdollisuuksia, uusia toimialoja, uusia elämäntapoja. Aivan kuten sähköön vertaaminen oli paras keino ymmärtää, mihin internet oli menossa, saattaa vertaaminen internetiin olla paras keino ymmärtää, mihin Bitcoin on menossa. Tai kuten Andreas Antonopoulos sen sanoo: *Bitcoin on rahan internet*. Nämä vertauskuvat ovat tärkeä muistutus siitä, että vaikka historialliset tapahtumat eivät toistuisi aivan pilkuntarkasti, ne usein ainakin rimmaavat keskenään.

Eksponentiaalista teknologiaa on vaikea ymmärtää ja usein sitä aliarvioidaan. Olen erittäin kiinnostunut tällaisista teknologioista, mutta silti yllätyn jatkuvasti edistymis- ja innovaatiotahdista. Bitcoin-ekosysteemin kasvun seuraaminen on kuin seuraisi internetin nousua pikakelauksella. Se on yhtä aikaa jännittävää ja innostavaa.

Tahtoni ymmärtää Bitcoinia on johdatellut minua pitkin historian polkuja suuntaan jos toiseenkin. Muinaisten yhteiskunnallisten rakenteiden, menneisyyden rahojen sekä viestintäverkkojen kehittymisen ymmärtäminen ovat kaikki olleet osa tätä matkaa. Teknologia käsikirveestä aina älypuhelimeen saakka on epäilemättä muuttanut maailmaamme monen monta kertaa. Verkottunut teknologia on erityisen muutosvoimaista: kirjoittaminen, tiet, sähkö ja internet ovat kaikki aikanaan mullistaneet maailman. Bitcoin on mullistanut minun maailmani, ja vielä jatkossakin se muuttaa niiden mieliä ja asenteita, jotka uskaltautuvat sitä käyttämään.

Bitcoin opetti minulle, että menneisyyden ymmärtäminen on välttämätöntä ymmärtääkseen sen tulevaisuutta. Tulevaisuutta, joka on vasta aluillaan...

Johtopäätökset:
Mitä olemme oppineet

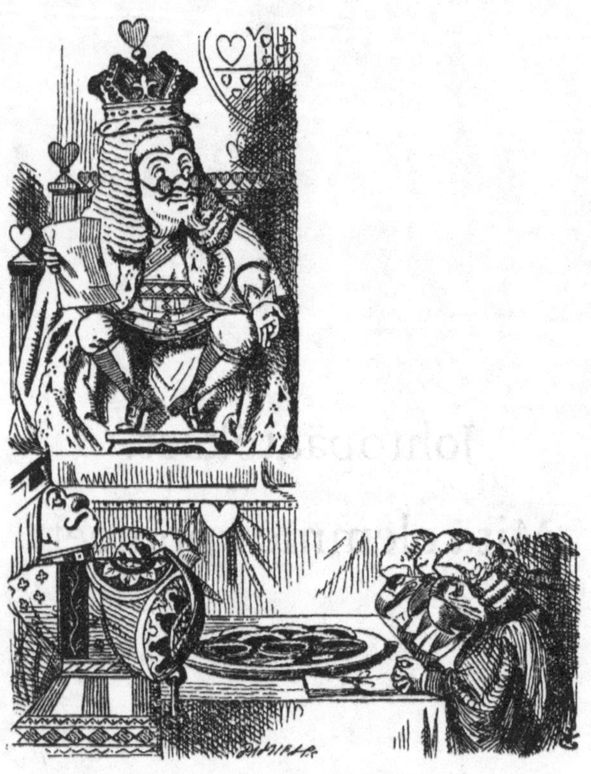

"Valamiehistö esittäköön todisteet", sanoi kuningas, "ja sitten julistakoon tuomion".
— Lewis Carroll

JOHTOPÄÄTÖKSET

Mielestäni kaikki vastaukset kysymykseen *"Mitä Bitcoin on opettanut sinulle?"* tulevat aina olemaan epätäydellisiä, kuten alussa mainitsin. Elävinä pidettävien järjestelmien – Bitcoinin, teknosfäärin ja taloustieteen – muodostama toisiinsa kietoutunut symbioosi kattaa niin monia aiheita ja asiat etenevät siinä niin nopeasti, ettei yksikään ihminen kykene täysin ymmärtämään kaikkea siihen liittyvää.

Jopa sitä täysin ymmärtämättä ja huolimatta sen kaikista outouksista ja näennäisistä puutteista, Bitcoin epäilemättä toimii. Se tuottaa lohkoja noin kymmenen minuutin välein ja tekee niin kauniisti ja aina vaan. Mitä kauemmin Bitcoin toimii, sitä useammat ihmiset päättävät ryhtyä käyttämään sitä.

> "Toimiessaan asiat ovat kauniita – toiminnallista taidetta."
>
> – Giannina Braschi[1]

Bitcoin on internetin lapsi. Se kasvaa eksponentiaalisesti, tieteenalojen välisiä rajoja hämärtäen. Ei ole selvää, mihin esimerkiksi puhtaan teknologinen valtakunta päättyy ja mistä jonkin toisen alan valtakunta alkaa. Bitcoin edellyttää, että tietokoneet toimivat tehokkaasti, mutta tietojenkäsittelytiede ei yksin riitä Bitcoinin

---

[1]Giannina Braschi, *Empire of Dreams*. [16]

ymmärtämiseen. Bitcoin ei ole rajaton ja rajoittamaton vain sisäisen toimintansa vaan myös sitä koskettavien akateemisten alojen suhteen.

Taloustiede, valtio-oppi, peliteoria, rahatalouden historia, verkkoteoria, rahoitustiede, kryptografia, informaatioteoria, sensuuri, laki ja sääntely, organisaatiotieteet, psykologia... näistä kaikista ja monista muista erikoisaloista voi olla apua Bitcoinin toiminnan ja olemuksen selvittämisessä.

Yksikään keksintö ei ole yksin vastuussa Bitcoinin menestyksestä. Se on yhdistelmä useita, aiemmin toisiinsa liittymättömiä asioita, jotka on liimattu toisiinsa peliteoreettisin kannustimin ja jotka yhdessä saavat aikaan vallankumouksen nimeltä Bitcoin. Juuri monien tieteenalojen kauniissa sekoittamisessa keskenään piilee Satoshin nerous.

Muidenkin monimutkaisten järjestelmien lailla myös Bitcoinissa on jouduttu tekemään kompromisseja tehokkuuden, kustannusten, turvallisuuden ja monien muiden ominaisuuksien suhteen. Aivan kuten ei ole täydellistä ratkaisua ympyrän neliöimiseksi, epätäydellisiä ovat myös kaikki ratkaisut niihin ongelmiin, joita Bitcoin pyrkii ratkaisemaan.

> "En usko, että meillä voi enää koskaan olla hyvää rahaa, ellemme ota sitä pois valtion käsistä. Emme me siis sitä väkivalloin voi ottaa pois valtion käsistä, vaan voimme vain jollakin viekkaalla epäsuoralla tavalla panna alulle jotakin sellaista, mitä ne eivät voi pysäyttää."
>
> – Friedrich Hayek[2]

Bitcoin on viekas epäsuora tapa tuoda kestävä raha takaisin. Bitcoin tekee sen asettamalla kunkin solmun taakse omaehtoisen itsenäisen yksilön, aivan kuten Leonardo da Vinci yritti *Vitruviuksen miehen* avulla ratkaista ympyrän neliöimisen itsepintaisen ongelman. Solmut hävittävät tehokkaasti koko keskipisteen käsitteen muodostaen järjestelmän, joka on hämmästyttävän antihauras ja äärimmäisen vaikea sammuttaa tai sulkea. Bitcoin elää, ja sen sydän sykkinee kauemmin kuin kenenkään meistä.

---

[2]Video *Friedrich Hayek on Monetary Policy, the Gold Standard, Deficits, Inflation, and John Maynard Keynes* katsottavissa: https://youtu.be/EYhEDxFwFRU.

Toivottavasti nautit näistä 21 oppitunnista. Kaikkein tärkein opetus on ehkä se, että Bitcoinia on tarkasteltava kokonaisvaltaisesti useasta eri näkökulmasta, jos haluaa päästä edes lähelle kokonaiskuvaa. Aivan kuten yhden osan poistaminen monimutkaisesta järjestelmästä tuhoaa kokonaisuuden, myös Bitcoinin kokonaisuuden ymmärtäminen kärsii, jos sen osia tutkitaan toisistaan erillään. Olen onnellinen kuolinvuoteellani, jos edes yksi ihminen poistaa sanavarastostaan sanan "lohkoketju" ja käyttää sen sijaan ilmausta "lohkojen ketju".

Oli miten oli, jatkan matkaani. Aion uskaltautua vielä syvemmälle tämän kaninkolon uumeniin ja kutsun sinut hyppäämään mukaan.[3]

---

[3] https://twitter.com/dergigi

Lähtiessään Liisa kuuli kuninkaan matalalla äänellä sanovan koko seurueelle: "Te olette kaikki armahdetut."

– Lewis Carroll

Kiitokset

Kiitos niille lukemattomille kirjoittajille ja sisällöntuottajille, jotka ovat vaikuttaneet Bitcoinia ja sitä läheltä liippaavia aiheita koskevaan ajatteluuni. Heitä on niin monta, etten voi mitenkään luetella kaikkia, mutta teen parhaani mainitakseni heistä muutamia.

- Kiitos Arjun Balajille[1] tviitistä, joka motivoi minua kirjoittamaan nämä oppitunnit.

- Kiitos Marty Bentille[2] loputtomista pohdinnan aiheista ja hyvästä viihteestä. Jos et ole vielä tilannut *Marty's Bent* -uutiskirjettä[3] ja *Tales From The Crypt* -podcastia[4], niin tee se nyt. Kiitos, Matt[5] ja Marty, kun toimitte oppainamme kaninkolossa.

- Kiitos Saifedean Ammousille[6] vakaumuksestaan, villeistä tviiteistään sekä *Bitcoin-standardin*[7] kirjoittamisesta.

- Kiitos Michael Goldsteinille[8] ja Pierre Rochardille[9] erinomaisen Bitcoin-kirjallisuuden valikoimisesta ja jakelusta

---

[1] https://twitter.com/arjunblj/status/1050073234719293440
[2] https://twitter.com/martybent
[3] http://eepurl.com/cROArD
[4] https://talesfromthecrypt.libsyn.com/
[5] https://twitter.com/matt_odell
[6] https://twitter.com/saifedean
[7] https://konsensus.network/fi/product/bitcoin-standardi/
[8] https://twitter.com/bitstein
[9] https://twitter.com/pierre_rochard

Satoshi Nakamoto Instituten[10] välityksellä. Ja kiitos siitä, että loitte *Noded*-podcastin[11], joka vaikutti merkittävästi filosofisiin näkemyksiini Bitcoinista.

- Kiitos Francis Pouliotille aikaketjua[12] koskevan innostuksensa jakamisesta.

- Kiitos Andreas M. Antonopoulosille[13] kaikesta vuosien varrella tuottamastaan koulutusmateriaalista.[14]

- Kiitos Peter McCormackille rehellisistä tviiteistään[15] sekä *What Bitcoin Did* -podcastistä[16], joka tarjoaa jatkuvasti upeita oivalluksia monista alan aiheista.

- Kiitos Jannikille,[17] Brandonille,[18] Mattille,[19] Camilolle,[20] Danielille,[21] Michaelille[22] ja Raphaelille[23] muutamien oppituntien varhaisia luonnoksia koskevasta palautteesta. Erityinen kiitos Jannikille, joka oikoluki useita luonnoksia useita kertoja.

- Kiitos Dhruv Bansalille[24] ja Matt Odellille,[25] jotka käyttivät aikaansa keskustellakseen muutamista näistä ideoista kanssani.

- Kiitos Guy Swannille[26] englanninkielisen ääniversion tuottamisesta https://21lessons.com -verkkosivustolle.

---

[10] https://nakamotoinstitute.org/
[11] https://noded.org/
[12] https://twitter.com/francispouliot_/status/1106028072799744002
[13] https://twitter.com/aantonop
[14] https://antonopoulos.com/
[15] https://twitter.com/PeterMcCormack/status/10731967787055559553
[16] https://www.whatbitcoindid.com/podcast
[17] https://twitter.com/jnnksbrt
[18] https://twitter.com/bquittem
[19] https://twitter.com/matt_odell
[20] https://twitter.com/CamiloJdL
[21] https://twitter.com/dnlggr
[22] https://twitter.com/michael_rogger
[23] https://twitter.com/dinemuatta
[24] https://twitter.com/dhruvbansal
[25] https://twitter.com/matt_odell
[26] https://twitter.com/TheCryptoconomy

- Kiitos Friar Hassille[27] henkisestä tuesta, opastuksesta ja esipuheen kirjoittamisesta tähän kirjaan.

- Kiitos vaimolleni pakkomielteisen luonteeni sietämisestä.

- Kiitos perheelleni tuesta niin myötä- kuin vastamäessä.

- Viimeisimpänä muttei vähäisimpänä, kiitokset kaikille Bitcoin-maksimalisteille, shitcoin-minimalisteille, shillaajille, boteille ja shitpostaajille, joita Bitcoin-Twitterin kauniissa puutarhassa asustaa.

Ja lopuksi, kiitos sinulle tämän kirjan lukemisesta. Toivottavasti nautit lukemastasi yhtä paljon kuin minä nautin sen kirjoittamisesta.

---

[27] https://twitter.com/FriarHass

"Oikein puhuttu", sanoi kissa, ja tällä kertaa se katosi hyvin hitaasti, aloittaen hännän päästä ja lopettaen irvistykseen, joka näkyi vielä vähän aikaa sen jälkeen kun muu ruumis oli hävinnyt.
– Lewis Carroll

MUUTAMA SANA LÄHDEKIRJALLISUUDESTA

Bitcoinia käsittelevää kirjallisuutta on julkaistu jo paljon. Siitä huolimatta suurin osa keskustelusta ja resursseista löytyy netistä.

Seuraava kirjallisuuslista kattaa kirjoja, artikkeleja, nettilähteitä ja niin edelleen.[1] Jos lähteellä on nettiosoite, se oli voimassa vielä lokakuussa 2019, sillä olen tuolloin päässyt siihen käsiksi. Jos yksikään lähteistä johtaa tyhjälle sivulle tai ei toimi, olen pahoillani. Ole hyvä ja kerro toimimattomista linkeistä julkaisijalle[2], jotta he voivat päivittää linkit ajan tasalle.

P.S: Bitcoin ja IPFS korjaavat tämän.

---

[1] Suom. huom – Lähdeluetteloon on listattu suomenkielinen versio julkaisusta, mikäli sellainen on olemassa.
[2] https://konsensus.network/

Pelaajat eivät rahtuakaan välittäneet vuoroistaan, pelasivat vain umpimähkään ja riitelivät koko ajan siileistänsä. Kuningatar joutui melkein heti vihan vimmoihin, polki jalkaansa ja kirkui lakkaamatta: "Pää poikki! Pää poikki!".

– Lewis Carroll

LÄHDEKIRJALLISUUS

[1] Saifedean Ammous. Esitelmä Bitcoin-standardista. http
s://www.bayernlb.de/internet/media/de/ir/dow
nloads_1/bayernlb_research/sonderpublikatio
nen_1/bitcoin_munich_may_28.pdf, toukokuu 2018.

[2] Saifedean Ammous. *Bitcoin-standardi : Kohti avointa rahajär-jestelmää*. Konsensus Network [Wiley], 2019 [2018].

[3] Andreas M Antonopoulos. *Mastering Bitcoin: Programming the Open Blockchain*. O'Reilly Media, Inc., 2014.

[4] Julian Assange. Johdanto teokseen 'Cypherpunks: Freedom and the Future of the Internet' : Kutsu kryptografisiin asei-siin. https://medium.com/@thlbr/kutsu-kryptog
rafisiin-aseisiin-480dc6321b48, joulukuu 2012.

[5] Beautyon. Miksi Yhdysvallat ei voi säännellä Bitcoinia? ht
tps://medium.com/@thlbr/bitcoinia-ei-voi-sa
annella, maaliskuu 2018.

[6] Beautyon. Bitcoin on. Ja se riittää. http://medium.com
/@thlbr/bitcoin-on-ja-se-riittää-e13d151261
08, lokakuu 2019.

[7] Georg T Becker, Francesco Regazzoni, Christof Paar, and Wayne P Burleson. Stealthy dopant-level hardware trojans. In *International Workshop on Cryptographic Hardware and Em-bedded Systems*, pages 197–214. Springer, 2013.

[8]   Marty Bent. Tales from the Crypt – a podcast about Bitcoin.
        https://tftc.io/podcasts/, 2017.

[9]   Jeff Bezos. To our shareholders. http://media.corpor
        ate-ir.net/media_files/irol/97/97664/reports
        /Shareholderletter97.pdf, 1997.

[10]   Bitcoin Wikin kirjoittajat. Block hashing algorithm — Bit-
        coin Wiki. https://en.bitcoin.it/w/index.php?t
        itle=Block_hashing_algorithm&oldid=66452, 2019.

[11]   Bitcoin Wikin kirjoittajat. Controlled supply — Bitcoin Wiki.
        https://en.bitcoin.it/w/index.php?title=Con
        trolled_supply&oldid=66483, 2019.

[12]   Bitcoin Wikin kirjoittajat. Genesis block — Bitcoin Wiki.
        https://en.bitcoin.it/w/index.php?title=Seg
        regated_Witness&oldid=66902, 2019.

[13]   Bitcoin Wikin kirjoittajat. Pay to script hash — Bitcoin Wiki.
        https://en.bitcoin.it/w/index.php?title=Pay
        _to_script_hash&oldid=64705, 2019.

[14]   Bitcoin Wikin kirjoittajat. Segregated Witness — Bitcoin
        Wiki. https://en.bitcoin.it/w/index.php?title
        =Segregated_Witness&oldid=66902, 2019.

[15]   Godfrey Bloom. Why the whole banking system is a scam.
        https://www.youtube.com/watch?v=LqAGeM-Lt2g,
        toukokuu 2013.

[16]   Giannina Braschi. *Empire of Dreams*. AmazonCrossing, 2011.

[17]   Nic Carter. Bitcoinin eksistentiaalinen kriisi. https:
        //medium.com/brandin-kirjasto/bitcoinin-eksi
        stentiaalinen-kriisi/ec794902cca1, marraskuu
        2018.

[18]   Daniel C Dennett and Douglas R Hofstadter. *The Mind's
        I: Fantasies and Reflections on Self and Soul*. Harvester Press,
        1981.

[19]   Jeff Desjardins. The Rising Speed of Technological Adoption. `https://www.visualcapitalist.com/rising-spee d-technological-adoption/`, helmikuu 2017.

[20]   Peter Diamandis. *Abundance : The Future is Better than You Think*. Free Press, New York, 2012.

[21]   Dunny. I've learned more about finance, economics, technology, cryptography, human psychology, politics, game theory, legislation, and myself in the last three months of crypto than the last three and a half years of college. `https://twitter.com/BitcoinDunny/status/93 5330541263519745`, marraskuu 2017.

[22]   epii. New Bitcoin logo. `https://bitcointalk.or g/index.php?topic=4994.msg140770#msg140770`, toukokuu 2011.

[23]   Electronic Frontier Foundation. The Crypto Wars: Governments Working to Undermine Encryption. `https: //www.eff.org/files/2014/01/03/cryptowarsone pagers-1_cac.pdf`, 2018.

[24]   William Gibson. The Science in Science Fiction. `https: //www.npr.org/2018/10/22/1067220/the-science -in-science-fiction`, joulukuu 2018.

[25]   Gigi. Bitcoinin energiankulutus - näkökulman muutos. `https://medium.com/brandin-kirjasto/bitcoini n-energiankulutus-e6dfdc4ae97e`, kesäkuu 2018.

[26]   Gigi. Kryptografian keijupölyä: Kuinka digitaalinen informaatio muovaa yhteiskuntaamme. `https://medium.c om/brandin-kirjasto/kryptografian-taikapöly- d5924ebc7d0f`, elokuu 2018.

[27]   Gregory Maxwell. Taproot: Privacy preserving switchable scripting. `https://lists.linuxfoundation.org/pi permail/bitcoin-dev/2018-January/015614.html`, 2018.

[28]   Hasu. Bitcoinin yhteiskuntasopimuksen avaaminen. `http s://link.medium.com/qHJNWXbD15`, joulukuu 2018.

[29]   Friedrich August Hayek. *1980s Unemployment and the Unions: Essays on the Impotent Price Structure of Britain and Monopoly in the Labour Market.* Institute of Economic Affairs, 1984.

[30]   Friedrich August Hayek. *The Collected Works of F.A. Hayek, Volume 6, Good Money, Part II.* Routledge, 1999.

[31]   Henry Hazlitt. *Talous yhdeltä istumalta.* Credentum [Foundation for Economic Education], `https://www.taloud enperusteet.com/kirjoja/hazlitt/`, 2011 [1946].

[32]   Dan Held. Bitcoinin jako oli reilu. `https://medium.com /brandin-kirjasto/bitcoinin-jako-oli-reilu-a 96084be7a5e`, 2018.

[33]   Eric Hughes. Kryptopunkkarin manifesti. `https://medi um.com/@thlbr/kryptopunkkarin-manifesti-a91 633458868`, maaliskuu 1993.

[34]   Guido Jörg Hülsmann. *Ethics of Money Production.* Ludwig von Mises Institute, `https://mises.org/library/et hics-money-production`, 2008.

[35]   Robert Kiyosaki. Why the Rich are Getting Richer. `https: //youtu.be/abMQhaMdQu0`, heinäkuu 2016.

[36]   Kaspersky Lab. From festive fun to password panic: Managing money online this Christmas. `https://www.kasp ersky.com/blog/money-report-2018/`, 2018.

[37]   Jameson Lopp. No one has found the bottom of the Bitcoin rabbit hole. `https://twitter.com/lopp/status/10 61415918616698881`, marraskuu 2018.

[38]   Margo Rapport. History Shows Price of an Ounce of Gold Equals Price of a Decent Men's Suit, Says Sionna Investment Managers. `https://www.businesswire.com/news/ho me/20110819005774/en/History-Shows-Price-Oun ce-Gold-Equals-Price`, 2011.

[39] Trace Mayer. Bitcoinin seitsemän verkostovaikutusta. `http
s://link.medium.com/DmOVoWfD15`, tammikuu 2016.

[40] Ralph C. Merkle. DAOs, Democracy and Governance. `http
s://alcor.org/cryonics/Cryonics2016-4.pdf#p
age=28`, kesä-heinäkuu 2016.

[41] Fiat Minimalist. Isn't it ironic that Bitcoin has taught me
more about money than all these years I've spent working
for financial institutions? `https://twitter.com/fiat
minimalist/status/1072880815661436928`, joulukuu
2018.

[42] The Austrian Mint. Gold: The Extraordinary Metal. `http
s://www.muenzeoesterreich.at/eng/discover/
for-investors/gold-the-extraordinary-metal`,
marraskuu 2017.

[43] British Museum. The origins of coinage. `https://www.
britishmuseum.org/explore/themes/money/the_o
rigins_of_coinage.aspx`, 2007.

[44] Satoshi Nakamoto. Re: Bitcoin P2P e-cash paper. `https:
//www.metzdowd.com/pipermail/cryptography/20
08-November/014832.html`, marraskuu 2008.

[45] Satoshi Nakamoto. Sähköinen käteisjärjestelmä vertaisver-
kossa. lokakuu 2008.

[46] Satoshi Nakamoto. Bitcoin open source implementation of
P2P currency. `http://p2pfoundation.ning.com/for
um/topics/bitcoin-open-source?commentId=200
3008-Comment-9562`, helmikuu 2009.

[47] Satoshi Nakamoto. Bitcoin open source implementation of
P2P currency. `http://p2pfoundation.ning.com/for
um/topics/bitcoin-open-source`, helmikuu 2009.

[48] Satoshi Nakamoto. Re: Bitcoin open source implementation
of P2P currency. `http://p2pfoundation.ning.com/f
orum/topics/bitcoin-open-source`, helmikuu 2009.

[49]   Satoshi Nakamoto. Re: Questions about Bitcoin. `https:
       //bitcointalk.org/index.php?topic=13.msg46#m
       sg46`, joulukuu 2009.

[50]   Satoshi Nakamoto. Dealing with SHA-256 Collisions. `http
       s://bitcointalk.org/index.php?topic=191.msg
       1585#msg1585`, kesäkuu 2010.

[51]   Satoshi Nakamoto. Re: 0.3 almost ready. `https://bitc
       ointalk.org/index.php?topic=199.msg1670#msg
       1670`, kesäkuu 2010.

[52]   Satoshi Nakamoto. Re: Transactions and Scripts: DUP
       HASH160 ... EQUALVERIFY CHECKSIG. `https://bi
       tcointalk.org/index.php?topic=195.msg1611#m
       sg1611`, kesäkuu 2010.

[53]   Jay Pantone Nimetön 4chan kirjoittaja, Robin Houston and
       Vince Vatter. A lower bound on the length of the shortest
       superpattern. lokakuu 2018.

[54]   Ron Paul. *End the Fed*. Grand Central Publishing, `http:
       //endthefed.org/books/`, 2009.

[55]   Jordan Pearson. Inside the World of the Bitcoin Carnivores:
       Why a small community of Bitcoin users is eating meat ex-
       clusively. `https://motherboard.vice.com/en_us/ar
       ticle/ne74nw/inside-the-world-of-the-bitcoin
       -carnivores`, syyskuu 2017.

[56]   Pieter Wuille. Schnorr Signatures for secp256k1. `https:
       //github.com/sipa/bips/blob/bip-schnorr/bip-
       schnorr.mediawiki`, 2019.

[57]   Platon. *Teokset. Toinen osa: Euthydemos (304a-b)*. Otava, 1999.

[58]   Federal Reserve. Money Stock Measures – Discontinuance
       of M3. `https://www.federalreserve.gov/Release
       s/h6/discm3.htm`, 2005.

[59]   Perry J. Roets. Bernard W. Dempsey, S.J. *Review of Social
       Economy*, 49(4):546–558, 1991.

[60] Carl Sagan. *Cosmos*. Random House, 1980.

[61] Bruce Schneier. *Applied Cryptography: Protocols, Algorithms and Source Code in C*. John Wiley and Sons, 2017.

[62] Bruce Schneier. Schneier on Security. `https://www.sc hneier.com`, 2019.

[63] Edward Snowden. Edward Snowden: NSA whistleblower answers reader questions. `https://www.theguardian. com/world/2013/jun/17/edward-snowden-nsa-fil es-whistleblower`, kesäkuu 2013.

[64] Jimmy Song. Miksi Bitcoin on erilainen. `https://medi um.com/brandin-kirjasto/miksi-bitcoin-on-eri lainen-94dc690ca654`, huhtikuu 2018.

[65] U.S. Geological Survey. National Minerals Information Center – Mineral Commodity Summaries. `https://www.us gs.gov/centers/nmic/mineral-commodity-summar ies`, 2019.

[66] Nick Szabo. Shelling Out: The Origins of Money. `https: //nakamotoinstitute.org/shelling-out/`, 2002.

[67] Guixin tekijät. Guix — Bootstrapping. `https://guix.gnu .org/manual/en/html_node/Bootstrapping.html`, 2019.

[68] K. Thompson. Reflections on trusting trust. In *ACM Turing award lectures*, page 1983, 2007.

[69] Tom Elvis Jedusor. MimbleWimble Origin. `https://gith ub.com/mimblewimble/docs/wiki/MimbleWimble-O rigin`, 2016.

[70] Grisha Trubetskoy. Blockchain Proof-of-Work Is a Decentralized Clock. `https://grisha.org/blog/2018/01/ 23/explaining-proof-of-work/`, 2018.

[71] Peter Van Valkenburgh. Coin Center's Peter Van Valkenburg on Preserving the Freedom to Innovate with Public Blockchains. `http://bit.ly/valkenburgh`, marraskuu 2018.

[72]   Ludwig von Mises. *Human Action*. Ludwig von Mises Institute, `https://mises.org/library/human-action-0/html/p/607`, 1949.

[73]   Wikipedian kirjoittajat. 2013–present economic crisis in Venezuela — Wikipedia, The Free Encyclopedia. `https://en.wikipedia.org/w/index.php?title=2013-present_economic_crisis_in_Venezuela&oldid=918242758`, 2019.

[74]   Wikipedian kirjoittajat. Crypto Wars — Wikipedia, The Free Encyclopedia. `https://en.wikipedia.org/w/index.php?title=Crypto_Wars&oldid=916147143`, 2019.

[75]   Wikipedian kirjoittajat. Discrete logarithm — Wikipedia, The Free Encyclopedia. `https://en.wikipedia.org/w/index.php?title=Discrete_logarithm&oldid=909625575`, 2019.

[76]   Wikipedian kirjoittajat. Dual EC DRBG — Wikipedia, The Free Encyclopedia. `https://en.wikipedia.org/w/index.php?title=Dual_EC_DRBG&oldid=918490393`, 2019.

[77]   Wikipedian kirjoittajat. Dysonin kehä — Wikipedia, Vapaa tietosanakirja. `https://fi.wikipedia.org/wiki/Dysonin_kehä`, 2019.

[78]   Wikipedian kirjoittajat. Elliptisten käyrien salausmenetelmät — Wikipedia, Vapaa tietosanakirja. `https://fi.wikipedia.org/wiki/Elliptisten_käyrien_salausmenetelmät`, 2019.

[79]   Wikipedian kirjoittajat. Hyperinflaatio — Wikipedia, Vapaa tietosanakirja. `https://fi.wikipedia.org/wiki/Hyperinflaatio`, 2019.

[80]   Wikipedian kirjoittajat. Itävaltalainen taloustiede — Wikipedia, Vapaa tietosanakirja. `https://fi.wikipedia.org/wiki/Itävaltalainen_taloustiede`, 2019.

[81]   Wikipedian kirjoittajat. Illegal number — Wikipedia, The
       Free Encyclopedia. https://en.wikipedia.org/w/ind
       ex.php?title=Illegal_number&oldid=918772989,
       2019.

[82]   Wikipedian kirjoittajat. Illegal prime — Wikipedia, The
       Free Encyclopedia. https://en.wikipedia.org/w/i
       ndex.php?title=Illegal_prime&oldid=913087454,
       2019.

[83]   Wikipedian kirjoittajat. Kaksimetallikanta — Wikipedia,
       Vapaa tietosanakirja. https://fi.wikipedia.org/wik
       i/Kaksimetallikanta, 2019.

[84]   Wikipedian kirjoittajat. Keynesiläinen taloustiede — Wiki-
       pedia, Vapaa tietosanakirja. https://fi.wikipedia.o
       rg/wiki/Keynesiläinen_taloustiede, 2019.

[85]   Wikipedian kirjoittajat. Landauer's principle — Wikipedia,
       The Free Encyclopedia. https://en.wikipedia.org/w
       /index.php?title=Landauer's_principle&oldid
       =907333330, 2019.

[86]   Wikipedian kirjoittajat. Lindy effect — Wikipedia, The Free
       Encyclopedia. https://en.wikipedia.org/w/index
       .php?title=Lindy_effect&oldid=921214819, 2019.

[87]   Wikipedian kirjoittajat. List of currencies — Wikipedia,
       The Free Encyclopedia. https://en.wikipedia.org/w
       /index.php?title=List_of_currencies&oldid=8
       97955050, 2019.

[88]   Wikipedian kirjoittajat. List of historical currencies —
       Wikipedia, The Free Encyclopedia. https://en.wikip
       edia.org/w/index.php?title=List_of_historica
       l_currencies&oldid=919919705, 2019.

[89]   Wikipedian kirjoittajat. Methods of coin debasement —
       Wikipedia, The Free Encyclopedia. https://en.wikiped
       ia.org/w/index.php?title=Methods_of_coin_deb
       asement&oldid=917940627, 2019.

[90] Wikipedian kirjoittajat. Money multiplier — Wikipedia,
The Free Encyclopedia. https://en.wikipedia.org/w
/index.php?title=Money_multiplier&oldid=918
027413, 2019.

[91] Wikipedian kirjoittajat. Paradox of value — Wikipedia, The
Free Encyclopedia. https://en.wikipedia.org/w/ind
ex.php?title=Paradox_of_value&oldid=9060682
08, 2019.

[92] Wikipedian kirjoittajat. P=NP — Wikipedia, Vapaa tieto-
sanakirja. https://fi.wikipedia.org/wiki/P=NP,
2019.

[93] Wikipedian kirjoittajat. Rahavaranto — Wikipedia, Vapaa
tietosanakirja. https://fi.wikipedia.org/wiki/Ra
havaranto, 2019.

[94] Wikipedian kirjoittajat. SHA-2 — Wikipedia, The Free En-
cyclopedia. https://en.wikipedia.org/w/index.p
hp?title=SHA-2&oldid=917408454, 2019.

[95] Wikipedian kirjoittajat. Ship of Theseus — Wikipedia, The
Free Encyclopedia. https://en.wikipedia.org/w/ind
ex.php?title=Ship_of_Theseus&oldid=923020256,
2019.

[96] Wikipedian kirjoittajat. Silver certificate (United States) —
Wikipedia, The Free Encyclopedia. https://en.wikiped
ia.org/w/index.php?title=Silver_certificate
_(United_States)&oldid=917688197, 2019.

[97] Wikipedian kirjoittajat. Subjective theory of value —
Wikipedia, The Free Encyclopedia. https://en.wikiped
ia.org/w/index.php?title=Subjective_theory_o
f_value&oldid=893004286, 2019.

[98] Wikipedian kirjoittajat. Taaleri — Wikipedia, Vapaa tietosa-
nakirja. https://fi.wikipedia.org/wiki/Taaleri,
2019.

[99] Wikipedian kirjoittajat. Theory of value (economics) — Wikipedia, The Free Encyclopedia. https://en.wikiped ia.org/w/index.php?title=Theory_of_value_(ec onomics)&oldid=919603374, 2019.

[100] Wikipedian kirjoittajat. Viime jääkauden huippukohta — Wikipedia, Vapaa tietosanakirja. https://fi.wikiped ia.org/wiki/Viime_jääkauden_huippukohta, 2019.

[101] Wilma Woo. 'Unfairly Cheap' Lightning Network Mainnet Hits 40 Nodes, 60 Channels. https://bitcoinist.c om/bitcoin-lightning-network-mainnet-nodes/, tammikuu 2018.

[102] YK:n yleiskokous. Ihmisoikeuksien yleismaailmallinen julistus. http://ihmisoikeusliitto.fi/ihmisoikeud et/ihmisoikeuksien-julistus/, joulukuu 1948.